Доктор Айболит

Корней Чуковский

СОДЕРЖАНИЕ

ЧАСТЬ ПЕРВАЯ

ПУТЕШЕСТВИЕ В СТРАНУ ОБЕЗЬЯН

1

Доктор и его звери

Жил-был доктор. Он был добрый. Звали его Айболит. И была у него злая сестра, которую звали Варвара.

Больше всего на свете доктор любил зверей. В комнате у него жили зайцы. В шкафу у него жила белка. На диване жил колючий ёж. В сундуке жили белые мыши.

Но из всех своих зверей доктор Айболит любил больше всего утку Кику, собаку Авву, маленькую свинку Хрю-Хрю, попугая Карудо и сову Бумбу.

Очень сердилась на доктора его злая сестра Варвара за то, что у него в комнате столько зверей.

— Прогони их сию же минуту! — кричала она. — Они только комнаты пачкают. Не желаю жить с этими скверными тварями!

— Нет, Варвара, они не скверные! — говорил доктор. — Я очень рад, что они живут у меня.

Со всех сторон к доктору приходили лечиться больные пастухи, больные рыбаки, дровосеки, крестьяне, и каждому давал он лекарство, и каждый сразу становился здоров.

Если какой-нибудь деревенский мальчишка ушибёт себе руку

или поцарапает нос, он сейчас же бежит к Айболиту — и, смотришь, через десять минут он, как ни в чём не бывало, здоровый, весёлый, играет в пятнашки с попугаем Карудо, а сова Бумба угощает его леденцами и яблоками.

Однажды к доктору пришла очень печальная лошадь и тихо сказала ему:

— Лама, воной, фифи, куку!

Доктор сразу понял, что на зверином языке это значит: 'У меня болят глаза. Дайте мне, пожалуйста, очки'. Доктор давно уже научился говорить по-звериному. Он сказал лошади:

— Капуки, кануки!

По-звериному это значит: 'Садитесь, пожалуйста'.

Лошадь села. Доктор надел ей очки, и глаза у неё перестали болеть.

— Чака! — сказала лошадь, замахала хвостом и побежала на улицу.

'Чака' по-звериному значит 'спасибо'.

Скоро все звери, у которых были плохие глаза, получили от доктора Айболита очки. Лошади стали ходить в очках, коровы — в очках, кошки и собаки — в очках. Даже старые вороны не вылетали из гнезда без очков.

С каждым днём к доктору приходило всё больше зверей и птиц.

Приходили черепахи, лисицы и козы, прилетали журавли и орлы.

Всех лечил доктор Айболит, но денег не брал ни у кого, потому что какие же деньги у черепах и орлов!

Скоро в лесу на деревьях были расклеены такие объявления:

Открыта больница
Для птиц и зверей.
Идите лечиться
Туда поскорей!

Расклеивали эти объявления Ваня и Таня, соседские дети, которых доктор вылечил когда-то от скарлатины и кори. Они очень любили доктора и охотно помогали ему.

2

Обезьяна Чичи

Однажды вечером, когда все звери спали, к доктору кто-то постучался.

— Кто там? — спросил доктор.

— Это я, — ответил тихий голос.

Доктор открыл дверь, и в комнату вошла обезьяна, очень худая и грязная. Доктор посадил её на диван и спросил:

— Что у тебя болит?

— Шея, — сказала она и заплакала.

Тут только доктор увидел, что на шее у неё большая верёвка.

— Я убежала от злого шарманщика, — сказала обезьяна и снова заплакала. — Шарманщик бил меня, мучил и всюду таскал за собой на верёвке.

Доктор взял ножницы, перерезал верёвку и смазал шею обезьяны такой удивительной мазью, что шея тотчас же перестала болеть. Потом он выкупал обезьяну в корыте, дал ей поесть и сказал:

— Живи у меня, обезьяна. Я не хочу, чтобы тебя обижали.

Обезьяна была очень рада. Но когда она сидела за столом и грызла большие орехи, которыми угостил её доктор, в комнату вбежал злой шарманщик.

— Отдай мне обезьяну! — крикнул он. — Эта обезьяна моя!

— Не отдам! — сказал доктор. — Ни за что не отдам! Я не хочу, чтобы ты мучил её.

Взбешённый шарманщик хотел схватить доктора Айболита за горло.

Но доктор спокойно сказал ему:

— Убирайся сию же минуту! А если будешь драться, я кликну собаку Авву, и она искусает тебя.

Авва вбежала в комнату и грозно сказала:

— Рррр...

На зверином языке это значит: 'Беги, а не то укушу!'

Шарманщик испугался и убежал без оглядки. Обезьяна осталась у доктора. Звери скоро полюбили её и назвали Чичи. На зверином языке 'чичи' значит 'молодчина'.

Чуть только Таня и Ваня увидали её, они в один голос воскликнули:

— Какая она милая! Какая чудесная!

И тотчас же стали играть с нею, как со своей лучшей подружкой. Они играли в прятки и в мяч, а потом все трое взялись за руки и побежали на берег моря, и там обезьяна научила их весёлому обезьяньему танцу, который на зверином языке называется 'ткелла'.

3

Доктор Айболит за работой

Каждый день к доктору Айболиту приходили звери лечиться. Лисицы, кролики, тюлени, ослы, верблюжата — все приходили к нему издалека. У кого болел живот, у кого зуб. Каждому доктор давал лекарство, и все они сейчас же выздоравливали.

Однажды пришёл к Айболиту бесхвостый козлёнок, и доктор пришил ему хвост.

А потом из далёкого леса пришла, вся в слезах, медведица. Она жалобно стонала и хныкала: из лапы у неё торчала большая заноза. Доктор вытащил занозу, промыл рану и смазал её своей чудодейственной мазью. Боль у медведицы сию же минуту прошла. — Чака! — закричала медведица и весело побежала домой — в берлогу, к своим медвежатам.

Потом к доктору приплёлся больной заяц, которого чуть не загрызли собаки.

А потом пришёл больной баран, который сильно простудился и кашлял.

А потом пришли два цыплёнка и привели индюка, который отравился грибами поганками.

Каждому, каждому давал доктор лекарство, и все в тот же миг выздоравливали, и каждый говорил ему 'чака'.

А потом, когда все больные ушли, доктор Айболит услыхал, как будто что-то шуршит за дверями.

— Войдите! — крикнул доктор.

И пришёл к нему печальный мотылёк:

'Я на свечке себе крылышко обжёг.
Помоги мне, помоги мне, Айболит:
Моё раненое крылышко болит!'

Доктору Айболиту стало жаль мотылька. Он положил его на ладонь и долго разглядывал обгорелое крылышко. А потом улыбнулся и весело сказал мотыльку:

— Не печалься, мотылёк!
Ты ложися на бочок:
Я пришью тебе другое,
Шёлковое, голубое,
Новое,
Хорошее
Крылышко!

И пошёл доктор в соседнюю комнату и принёс оттуда целый ворох всевозможных лоскутков — бархатных, атласных, батистовых, шёлковых. Лоскутки были разноцветные: голубые, зелёные, чёрные. Доктор долго рылся среди них, наконец выбрал один — ярко-синий с пунцовыми пятнышками. И тотчас же выкроил из него ножницами отличное крылышко, которое и пришил мотыльку.

Засмеялся мотылёк
И помчался на лужок
И летает под берёзами
С бабочками и стрекозами.

А весёлый Айболит
Из окна ему кричит:
'Ладно, ладно, веселись,
Только свечки берегись!'

Так возился доктор со своими больными до самого позднего вечера.

Вечером он прилёг на диван и сладко заснул, и ему стали

сниться белые медведи, олени, моржи. И вдруг кто-то снова постучал к нему в дверь.

4

Крокодил

В том же городе, где жил доктор, был цирк, а в цирке жил большой Крокодил. Там его показывали людям за деньги.

У Крокодила заболели зубы, и он пришёл к доктору Айболиту лечиться. Доктор дал ему чудесного лекарства, и зубы перестали болеть.

— Как у вас хорошо! — сказал Крокодил, озираясь по сторонам и облизываясь. — Сколько у вас зайчиков, птичек, мышей! И все они такие жирные, вкусные! Позвольте мне остаться у вас навсегда. Я не хочу возвращаться к хозяину цирка. Он плохо кормит меня, бьёт, обижает.

— Оставайся, — сказал доктор. — Пожалуйста! Только чур: если ты съешь хоть одного зайчишку, хоть одного воробья, я прогоню тебя вон.

— Ладно, — сказал Крокодил и вздохнул. — Обещаю вам, доктор, что не буду есть ни зайцев, ни птиц.

И стал Крокодил жить у доктора.

Был он тихий. Никого не трогал, лежал себе под кроватью и всё думал о своих братьях и сёстрах, которые жили далеко-далеко, в жаркой Африке.

Доктор полюбил Крокодила и часто разговаривал с ним. Но злая Варвара терпеть не могла Крокодила и требовала, чтобы доктор прогнал его.

— Видеть его не желаю! — кричала она. — Он такой противный, зубастый. И всё портит, к чему ни притронется. Вчера съел мою зелёную юбку, которая валялась у меня на окошке.

9

— И хорошо сделал, — сказал доктор. — Платье надо прятать в шкаф, а не бросать на окошко.

— Из-за этого противного Крокодила, — продолжала Варвара, — многие люди боятся приходить к тебе в дом. Приходят одни бедняки, и ты не берёшь у них платы, и мы теперь так обеднели, что нам не на что купить себе хлеба.

— Не нужно мне денег, — отвечал Айболит. — Мне и без денег отлично. Звери накормят и меня и тебя.

5

Друзья помогают доктору

Варвара сказала правду: доктор остался без хлеба. Три дня он сидел голодный. У него не было денег.

Звери, которые жили у доктора, увидели, что ему нечего есть, и стали его кормить. Сова Бумба и свинка Хрю-Хрю устроили во дворе огород: свинка рылом копала грядки, и Бумба сажала картошку. Корова каждый день утром и вечером стала угощать доктора своим молоком. Курица несла ему яйца.

И все стали заботиться о докторе. Собака Авва подметала полы. Таня и Ваня вместе с обезьяной Чичи носили ему воду из колодца. Доктор был очень доволен.

— Никогда у меня в моём домике не было такой чистоты. Спасибо вам, дети и звери, за вашу работу!

Дети весело улыбались ему, а звери в один голос отвечали:

— Карабуки, марабуки, бу!

На зверином языке это значит: 'Как же нам не служить тебе? Ведь ты лучший наш друг'.

А собака Авва лизнула его в щёку и сказала:

— Абузо, мабузо, бах!

На зверином языке это значит: 'Мы никогда не покинем тебя и будем тебе верными товарищами'.

6

Ласточка

Как-то вечером сова Бумба сказала:

— Кто это там скребётся за дверью? Похоже, как будто мышь.

Все прислушались, но ничего не услышали.

— За дверью никого нет! — сказал доктор. — Это тебе так показалось.

— Нет, не показалось, — возразила сова. — Я слышу, что кто-то скребётся. Это мышь или птица. Уж вы можете мне поверить. Мы, совы, слышим лучше, чем люди.

Бумба не ошиблась.

Обезьяна открыла дверь и увидела на пороге ласточку.

Ласточка — зимой! Какое чудо! Ведь ласточки не выносят мороза и, чуть наступает зима, улетают в жаркую Африку. Бедная, как ей холодно! Она сидит на снегу и дрожит.

— Ласточка! — крикнул доктор. — Войди в комнату и обогрейся у печки.

Вначале ласточка боялась войти. Она увидела, что в комнате лежит Крокодил, и думала, что он её съест. Но обезьяна Чичи сказала ей, что этот Крокодил очень добрый. Тогда ласточка влетела в комнату, села на спинку стула, огляделась по сторонам и спросила:

— Чируто, кисафа, мак?

На зверином языке это значит: 'Скажите, пожалуйста, не здесь ли живёт знаменитый доктор Айболит?'

— Айболит — это я, — сказал доктор.

— У меня к вам большая просьба, — сказала ласточка. — Вы должны сейчас же ехать в Африку. Я нарочно прилетела из Африки, чтобы позвать вас туда. Там, в Африке, живут обезьяны, и теперь эти обезьяны больны.

— Что у них болит? — спросил доктор.

— У них болит живот, — сказала ласточка. — Они лежат на земле и плачут. Есть только один человек, который может их спасти, — это вы. Берите с собой лекарства, и едем скорее в Африку! Если вы не поедете в Африку, все обезьяны умрут.

— Ах, — сказал доктор, — я с радостью поехал бы в Африку! Я люблю обезьян, и мне жаль, что они больны. Но у меня нет корабля. Ведь чтобы поехать в Африку, нужно иметь корабль.

— Бедные обезьяны! — сказал Крокодил. — Если доктор не поедет в Африку, все они должны умереть. Только он один может вылечить их.

И Крокодил заплакал такими большими слезами, что по полу потекли два ручья.

Вдруг доктор Айболит закричал:

— Всё же я в Африку поеду! Всё же я вылечу больных обезьян! Я вспомнил, что у моего знакомого старого моряка Робинзона, которого я спас когда-то от злой лихорадки, есть превосходный корабль.

Он взял шляпу и пошёл к моряку Робинзону.

— Здравствуй, моряк Робинзон! — сказал он. — Будь добр, дай мне твой корабль. Я хочу поехать в Африку. Там, неподалёку от пустыни Сахары, есть чудесная Страна Обезьян.

— Хорошо, — сказал моряк Робинзон. — Я дам тебе корабль с удовольствием. Ведь ты спас мне жизнь, и я рад оказать тебе любую услугу. Но смотри, привези мой корабль назад, потому что другого корабля у меня нет.

— Непременно привезу, — сказал доктор. — Не беспокойся. Мне бы только в Африку съездить.

— Бери, бери! — повторил Робинзон. — Но смотри не разбей его о подводные камни!

— Не бойся, не разобью, — сказал доктор, поблагодарил моряка Робинзона и побежал домой.

— Звери, собирайтесь! — крикнул он. — Завтра мы едем в Африку!

Звери очень обрадовались, стали прыгать по комнате, хлопать в ладоши. Больше всех радовалась обезьяна Чичи:

> — Еду, еду в Африку,
> В милые края!
> Африка, Африка,
> Родина моя!

— Я не всех зверей возьму в Африку, — сказал доктор Айболит.

— Ежики, летучие мыши и кролики должны остаться тут, в моём доме. Вместе с ними останется и лошадь.

А возьму я с собой Крокодила, обезьяну Чичи и попугая Карудо, потому что они родом из Африки: там живут их родители, братья и сестры. Кроме того, я возьму с собой Авву, Кику, Бумбу и свинку Хрю-Хрю.

— А нас? — закричали Таня и Ваня. — Неужели мы останемся здесь без тебя?

— Да! — сказал доктор и крепко пожал им руки. — До свиданья, дорогие друзья! Вы останетесь здесь и будете ухаживать за моим огородом и садом. Мы очень скоро вернёмся.

И я привезу вам из Африки чудесный подарок.

Таня и Ваня понурили головы. Но подумали немного и сказали:

— Ничего не поделаешь: мы ещё маленькие. Счастливого пути!

До свиданья! А когда мы подрастём, мы непременно поедем с тобой путешествовать.

— Ещё бы! — сказал Айболит. — Вам только нужно чуть-чуть подрасти.

7

В Африку

Звери наскоро уложили вещи и тронулись в путь. Дома остались только зайцы, да кролики, да ежи, да летучие мыши.

Придя на берег моря, звери увидели чудесный корабль. Тут же на пригорке стоял моряк Робинзон. Ваня и Таня вместе со свинкой Хрю-Хрю и обезьяной Чичи помогли доктору внести чемоданы с лекарствами.

Все звери взошли на корабль и хотели уже тронуться в путь, как вдруг доктор закричал громким голосом:

— Подождите, подождите, пожалуйста!

— Что случилось? — Спросил Крокодил.

— Подождите! Подождите! — кричал доктор. — Ведь я не знаю, где Африка! Нужно пойти и спросить.

Крокодил засмеялся:

— Не ходи! Успокойся! Ласточка покажет тебе, куда плыть. Она часто бывала в Африке. Ласточки летают в Африку каждую зиму.

— Конечно! — сказала ласточка. — Я с радостью покажу тебе дорогу туда.

И она полетела впереди корабля, показывая доктору Айболиту дорогу.

Она летела в Африку, а доктор Айболит направлял корабль вслед за нею. Куда ласточка, туда и корабль. Ночью становилось темно, и ласточки не было видно. Тогда она зажигала фонарик, брала его в клюв и летела с фонариком, так что доктор и ночью мог видеть, куда ему вести своё судно.

Ехали они, ехали, вдруг видят — летит им навстречу журавль.

— Скажите, пожалуйста, не на вашем ли корабле знаменитый доктор Айболит?

— Да, — отвечал Крокодил. — Знаменитый доктор Айболит находится на нашем корабле.

— Попросите доктора, чтобы он плыл поскорее, — сказал журавль, — потому что обезьянам становится всё хуже и хуже. Они ждут не дождутся его.

— Не беспокойтесь! — сказал Крокодил. — Мы мчимся на всех парусах. Обезьянам не придётся долго ждать.

Услышав это, журавль обрадовался и полетел назад, чтобы сказать обезьянам, что доктор Айболит уже близко.

Корабль быстро бежал по волнам. Крокодил сидел на палубе и вдруг увидел, что навстречу кораблю плывут дельфины.

— Скажите, пожалуйста, — спросили дельфины, — не плывёт ли на этом корабле знаменитый доктор Айболит?

— Да, — отвечал Крокодил. — Знаменитый доктор Айболит плывёт на этом корабле.

— Будьте добры, попросите доктора плыть скорее, потому что обезьянам становится всё хуже и хуже.

— Не беспокойтесь! — отвечал Крокодил. — Мы мчимся на всех парусах. Обезьянам не придётся долго ждать.

Утром доктор сказал Крокодилу:

— Что это там впереди? Какая-то большая земля. Я думаю, это Африка.

— Да, это Африка! — закричал Крокодил. — Африка! Африка!
Скоро мы будем в Африке! Я вижу страусов! Я вижу носорогов!
Я вижу верблюдов! Я вижу слонов!

Африка, Африка!
Милые края!
Африка, Африка!
Родина моя!

8

Буря

Но тут поднялась буря. Дождь! Ветер! Молния! Гром! Волны сделались такие большие, что на них было страшно смотреть. И вдруг — трах-тар-ра-рах! Раздался ужасный треск, и корабль наклонился набок.

— Что такое? Что такое? — спросил доктор.

— Ко-ра-бле-кру-ше-ние! — закричал попугай. — Наш корабль налетел на скалу и разбился! Мы тонем. Спасайся кто может!

— Но я не умею плавать! — закричала Чичи.

— Я тоже не умею! — закричала Хрю-Хрю. И они горько заплакали. К счастью, Крокодил посадил их на свою широкую спину и поплыл по волнам прямо к берегу.

Ура! Все спасены! Все благополучно добрались до Африки. Но их корабль погиб. Огромная волна налетела на него и разбила в мелкие щепки.

Как они воротятся домой? Ведь другого корабля у них нет. И что они скажут моряку Робинзону?

Становилось темно. Доктор и все его звери очень хотели спать. Они промокли до костей и устали. Но доктор и не думал об отдыхе:

— Скорее, скорее вперёд! Нужно торопиться! Нужно спасти обезьян! Бедные обезьяны больны, и они ждут не дождутся, чтобы я вылечил их!

9

Доктор в беде

Тут к доктору подлетела Бумба и сказала испуганным голосом:

— Тише, тише! Кто-то идёт! Я слышу чьи-то шаги!

Все остановились и прислушались.

Из лесу вышел какой-то лохматый старик с длинной седой бородой и закричал:

— Что вы тут делаете? И кто вы такие? И зачем вы сюда пришли?

— Я доктор Айболит, — сказал доктор. — Я приехал в Африку, чтобы вылечить больных обезьян…

— Ха-ха-ха! — засмеялся лохматый старик. — 'Вылечить больных обезьян'? А знаете ли вы, куда вы попали?

— Куда? — спросил доктор.

— К разбойнику Бармалею!

— К Бармалею! — воскликнул доктор. — Бармалей — самый злой человек на всём свете! Но мы лучше умрём, а не сдадимся разбойнику! Бежим скорее туда — к нашим больным обезьянам… Они плачут, они ждут, и мы должны вылечить их.

— Нет! — сказал лохматый старик и захохотал ещё громче. — Вы отсюда никуда не уйдёте! Бармалей убивает каждого, кто попадёт к нему в плен.

— Бежим! — кричал доктор. — Бежим! Мы можем спастись! Мы спасёмся!

Но тут появился перед ними сам Бармалей и, размахивая саблей, закричал:

— Эй вы, мои верные слуги! Возьмите этого глупого доктора со всеми его глупыми зверями и посадите в тюрьму, за решётку! Завтра я разделаюсь с ними!

Подбежали слуги Бармалея, схватили доктора, схватили Крокодила, схватили всех зверей и повели их в тюрьму. Доктор храбро отбивался от них. Звери кусались, царапались, вырывались из рук, но врагов было много, враги были сильные. Они бросили своих пленников в тюрьму, и лохматый старик запер их там на ключ. А ключ отдал Бармалею. Бармалей унёс его и спрятал у себя под подушкой.

— Бедные мы, бедные! — сказала Чичи. — Из этой тюрьмы нам не уйти никогда. Стены здесь крепкие, двери железные. Больше мы не увидим ни солнца, ни цветов, ни деревьев. Бедные мы, бедные!

Свинка захрюкала, собака завыла. А Крокодил заплакал такими большими слезами, что на полу сделалась широкая лужа.

10

Подвиг попугая Карудо

Но доктор сказал зверям:

— Друзья мои, нам нельзя унывать! Мы должны вырваться из этой проклятой тюрьмы — ведь нас ждут больные обезьяны! Перестаньте плакать! Давайте подумаем, как нам спастись.

— Нет, милый доктор! — сказал Крокодил и заплакал ещё сильнее. — Спастись нам нельзя. Мы погибли! Двери нашей тюрьмы сделаны из крепкого железа. Разве мы можем раз бить эти двери? Завтра утром, чуть свет, к нам придёт Бармалей и убьёт нас всех до одного!

Утка Кика захныкала. Чичи глубоко вздохнула. Но доктор вскочил на ноги и воскликнул с весёлой улыбкой:

— Всё же мы спасёмся из тюрьмы!

И он подозвал к себе попугая Карудо и что-то шепнул ему. Шепнул так тихо, что никто, кроме попугая, не слышал. Попугай кивнул головой, засмеялся и сказал:

— Хорошо!

А потом подбежал к решётке, протиснулся между железными прутьями, вылетел на улицу и полетел к Бармалею.

Бармалей крепко спал у себя на кровати, а под подушкой у него был спрятан огромнейший ключ — тот самый, которым он запер железные двери тюрьмы.

Тихо-тихо подкрался попугай к Бармалею и вытащил из-под подушки ключ. Если бы разбойник проснулся, он непременно убил бы бесстрашную птицу. Но, к счастью, разбойник спал крепким сном. Храбрый Карудо схватил ключ и полетел что есть силы обратно в тюрьму.

У, какой тяжёлый этот ключ! Карудо чуть не выронил его по дороге. Но всё же долетел до тюрьмы — и прямо в окно, к доктору Айболиту. Вот обрадовался доктор, когда увидел, что попугай принёс ему ключ от тюрьмы!

— Ура! Мы спасены! — крикнул он. — Бежим скорее, пока Бармалей не проснулся!

Доктор схватил ключ, открыл дверь и выбежал на улицу. А за ним — все его звери. Свобода! Свобода! Ура!

— Спасибо тебе, храбрый Карудо! — сказал доктор. — Ты спас нас от смерти. Если бы не ты, мы пропали бы. А вместе с нами погибли бы и бедные больные обезьяны.

— Нет! — сказал Карудо. — Это ты научил меня, что нужно сделать, чтобы выбраться из этой тюрьмы!

— Скорее, скорее к больным обезьянам! — сказал доктор и торопливо побежал в чащу леса. А вместе с ним — все его звери.

11

По обезьяньему мосту

Когда Бармалей узнал, что доктор Айболит убежал из тюрьмы, он страшно рассердился, засверкал глазами, затопал ногами.

— Эй вы, слуги мои верные! — закричал он. — Бегите в погоню за доктором! Поймайте его и приведите сюда!

Слуги побежали в чащу леса и стали искать доктора Айболита. А в это время доктор Айболит со всеми своими зверями пробирался по Африке в Страну Обезьян. Он шёл очень быстро. Свинка Хрю-Хрю, у которой были короткие ноги, не могла поспевать за ним. Доктор взял её на руки и понёс. Свинка была тяжёлая, и доктор ужасно устал!

— Как бы мне хотелось отдохнуть! — сказал он. — О, если бы скорее дойти до Страны Обезьян!

Чичи взобралась на высокое дерево и громко закричала:

— Я вижу Страну Обезьян! Страна Обезьян близко! Скоро, скоро мы будем в Стране Обезьян!

Доктор засмеялся от радости и поспешил вперёд.

Больные обезьяны издали увидели доктора и весело захлопали в ладоши.

— Ура! К нам приехал доктор Айболит! Доктор Айболит тотчас же вылечит нас, и мы завтра же будем здоровы!

Но тут из чащи леса выбежали слуги Бармалея и помчались в погоню за доктором.

— Держи его! Держи! Держи! — кричали они.

Доктор бежал что есть силы. И вдруг перед ним — река. Дальше бежать невозможно. Река широкая, её нельзя переплыть. Сейчас слуги Бармалея поймают его! Ах, если бы через эту реку был мост, доктор побежал бы по мосту и сразу очутился бы в Стране Обезьян!

— Бедные мы, бедные! — сказала свинка Хрю-Хрю. — Как же мы перейдём на ту сторону? Через минуту эти злодеи поймают нас и опять посадят в тюрьму.

Тут одна из обезьян закричала:

— Мост! Мост! Делайте мост! Поскорее! Не теряйте ни минуты! Делайте мост! Мост!

Доктор посмотрел по сторонам. У обезьян нет ни железа, ни камня. Из чего же они сделают мост?

Но обезьяны построили мост не из железа, не из камня, а из живых обезьян. На берегу реки росло дерево. За это дерево ухватилась одна обезьяна, а другая схватила эту обезьяну за хвост. Так все обезьяны протянулись, как длинная цепь, между двумя высокими берегами реки.

— Вот тебе и мост, беги! — закричали они доктору.

Доктор схватил сову Бумбу и побежал по обезьянам, по их головам, по их спинам. За доктором — все его звери.

— Скорее! — кричали обезьяны. — Скорее! Скорее!

Трудно было идти по живому обезьяньему мосту. Звери боялись, что вот-вот поскользнутся и упадут в воду.

Но нет, мост был прочный, обезьяны крепко держались друг за друга — и доктор быстро добежал до другого берега со всеми зверями.

— Скорее, скорее вперёд! — кричал доктор. — Медлить нельзя

ни минуты. Ведь нас догоняют враги. Видите, они тоже бегут по обезьяньему мосту… Сейчас они будут здесь!

Скорее!.. Скорее!..

Но что такое? Что случилось? Смотрите: на самой середине моста одна обезьяна разжала пальцы, мост провалился, рассыпался, и слуги Бармалея с большой высоты полетели кувырком прямо в реку.

— Ура! — закричали обезьяны. — Ура! Доктор Айболит спасён! Теперь ему некого бояться! Ура! Враги не поймали его! Теперь он вылечит наших больных! Они здесь, они близко, они стонут и плачут!

12

Глупые звери

Доктор Айболит поспешил к больным обезьянам.

Они лежали на земле и стонали. Они были очень больны.

Доктор начал лечить обезьян. Нужно было дать каждой обезьяне лекарство: одной — капли, другой — пилюли. Нужно было каждой обезьяне положить на голову холодный компресс, а на спину и грудь — горчичники. Больных обезьян было много, а доктор один. Одному с такой работой не справиться.

Кика, Крокодил, Карудо и Чичи изо всех сил помогали ему, но они скоро устали, и доктору понадобились другие помощники. Он пошёл в пустыню — туда, где жил лев.

— Будьте так добры, — сказал он льву, — помогите мне, пожалуйста, лечить обезьян.

Лев был важный. Он грозно посмотрел на Айболита:

— Да знаешь ли ты, кто я такой? Я — лев, я — царь зверей! И ты смеешь просить меня, чтобы я лечил каких-то поганых мартышек!

Тогда доктор пошёл к носорогам.

— Носороги, носороги! — сказал он. — Помогите мне лечить обезьян! Их много, а я один. Мне одному с моей работой не справиться.

Носороги только засмеялись в ответ:

— Станем мы тебе помогать! Скажи спасибо, что мы не забодали тебя своими рогами!

Очень рассердился доктор на злых носорогов и побежал в соседний лес — туда, где жили полосатые тигры.

— Тигры, тигры! Помогите мне лечить обезьян!

— Ррр! — отвечали полосатые тигры. — Уходи, покуда цел!

Доктор ушёл от них очень печальный.

Но скоро злые звери были жестоко наказаны.

Когда лев воротился домой, львица сказала ему:

— Наш маленький сын заболел — целый день плачет и стонет. Как жаль, что в Африке нет знаменитого доктора Айболита! Он чудесно лечит. Недаром все любят его. Он вылечил бы нашего сына.

— Доктор Айболит здесь, — сказал лев. — Вон за теми пальмами, в Обезьяньей Стране! Я только что разговаривал с ним. — Какое счастье! — воскликнула львица. — Беги и позови его к нашему сыну!

— Нет, — сказал лев, — я к нему не пойду. Он не станет лечить нашего сына, потому что я очень обидел его.

— Ты обидел доктора Айболита! Что же мы теперь будем делать? Да знаешь ли ты, что доктор Айболит — самый лучший, самый замечательный доктор? Он один из всех людей умеет говорить по-звериному. Он лечит тигров, крокодилов, зайцев, обезьян и лягушек. Да-да, он лечит даже лягушек, потому что он очень добрый. И такого человека ты обидел! И обидел как раз тогда, когда у тебя у самого болен сын! Что же ты теперь будешь делать?

Лев оторопел. Он не знал, что сказать.

— Ступай к этому доктору, — кричала львица, — и скажи ему, что ты просишь прощения! Помогай ему чем только можешь.

Делай всё, что он скажет, умоляй его, чтобы он вылечил нашего бедного сына!

Нечего делать, пошёл лев к доктору Айболиту.

— Здравствуйте, — сказал он. — Я пришёл извиниться за свою грубость. Я готов помогать вам… Я согласен давать обезьянам лекарства и прикладывать им всякие компрессы.

И лев стал помогать Айболиту. Три дня и три ночи ухаживал он за больными обезьянами, а потом подошёл к доктору Айболиту и робко сказал:

— У меня заболел сынок, которого я очень люблю… Пожалуйста, будьте добры, вылечите бедного львёнка!

— Хорошо! — сказал доктор. — Охотно! Я сегодня же вылечу вашего сына.

И он пошёл в пещеру и дал его сыну такого лекарства, что тот через час был здоров.

Лев обрадовался, и ему стало стыдно, что он обидел доброго доктора.

А потом заболели дети у носорогов и тигров. Айболит тотчас же вылечил их. Тогда носороги и тигры сказали:

— Нам очень совестно, что мы обидели вас!

— Ничего, ничего, — сказал доктор. — В следующий раз будьте умнее. А сейчас идите сюда и помогите мне лечить обезьян.

13

Подарок

Звери так хорошо помогали доктору, что больные обезьяны скоро выздоровели.

— Спасибо доктору, — сказали они. — Он вылечил нас от ужасной болезни, и мы за это должны подарить ему что-нибудь очень хорошее. Подарим ему такого зверя, какого люди никогда не видали. Какого нет ни в цирке, ни в зоологическом парке.

— Подарим ему верблюда! — закричала одна обезьяна.

— Нет, — сказала Чичи, — верблюда ему не надо. Верблюдов он видел. Все люди видели верблюдов. Ив зоологических парках и на улицах.

— Ну, так страуса! — закричала другая обезьяна. — Мы подарим ему страуса, страуса!

— Нет, — сказала Чичи, — страусов он тоже видел.

— А видел ли он тянитолкаев? — спросила третья обезьяна.

— Нет, тянитолкаев он никогда не видал, — отвечала Чичи — Ещё не было ни одного человека, который видел бы тянитолкаев.

— Хорошо, — сказали обезьяны. — Теперь мы знаем, что подарить доктору: мы подарим ему тянитолкая.

14

Тянитолкай

Люди никогда не видели тянитолкая, потому что тянитолкай боятся людей: заметят человека — и в кусты!

Других зверей вы можете поймать, когда они заснут и закроют глаза. Вы подойдёте к ним сзади и схватите их за хвост. Но к тянитолкаю вы не можете подойти сзади, потому что сзади у тянитолкая такая же голова, как и спереди.

Да, у него две головы: одна спереди, другая сзади. Когда ему хочется спать, то сначала спит одна голова, а потом другая. Сразу же весь он не спит никогда. Одна голова спит, другая глядит по сторонам, чтобы не подкрался охотник. Вот почему ни одному охотнику не удавалось поймать тянитолкая, вот почему ни в одном цирке, ни в одном зоологическом парке этого зверя нет.

Обезьяны решили поймать одного тянитолкая для доктора Айболита. Они побежали в самую чащу леса и там нашли место, где приютился тянитолкай.

Он увидел их и бросился бежать, но они окружили его, схватили за рога и сказали:

— Милый Тянитолкай! Не желаешь ли ты поехать вместе с доктором Айболитом далеко-далеко и жить в его доме со всеми зверями? Там тебе будет хорошо: и сытно и весело.

Тянитолкай покачал обеими головами и ответил обоими ртами:

— Нет!

— Доктор добрый, — сказали обезьяны. — Он будет кормить

тебя медовыми пряниками, и, если ты заболеешь, он вылечит тебя от всякой болезни.

— Всё равно! — сказал Тянитолкай. — Я желаю остаться здесь.

Три дня уговаривали его обезьяны, и наконец Тянитолкай сказал:

— Покажите мне этого хвалёного доктора. Я хочу посмотреть на него.

Обезьяны повели Тянитолкая к тому домику, где жил Айболит. Подойдя к двери, они постучались.

— Войдите, — сказала Кика.

Чичи с гордостью ввела в комнату двухголового зверя.

— Что это такое? — спросил удивлённый доктор. Никогда он не видал такого чуда.

— Это Тянитолкай, — ответила Чичи. — Он хочет познакомиться с тобою. Тянитолкай — самый редкостный зверь наших африканских лесов. Возьми его с собой на корабль, и пусть он живёт в твоём доме.

— А захочет ли он поехать ко мне?

— К тебе я охотно поеду, — неожиданно сказал Тянитолкай. — Я сразу увидел, что ты добрый: у тебя такие добрые глаза. Звери так любят тебя, и я знаю, что ты любишь зверей. Но обещай мне, что если мне у тебя будет скучно, ты отпустишь меня домой.

— Конечно, отпущу, — сказал доктор. — Но тебе будет так хорошо у меня, что вряд ли ты захочешь уехать.

— Верно, верно! Это правда! — закричала Чичи. — Он такой весёлый, такой смелый, наш доктор! В его доме нам живётся так привольно! А по соседству, в двух шагах от него, живут Таня и Ваня — они, вот увидишь, крепко полюбят тебя и станут самыми близкими твоими друзьями.

— Если так, я согласен, я еду! — весело сказал Тянитолкай и долго кивал Айболиту то одной, то другой головой.

15

Обезьяны прощаются с доктором

Тут к Айболиту пришли обезьяны и позвали его обедать. Чудесный обед они устроили ему на прощание: яблоки, мёд, бананы, финики, абрикосы, апельсины, ананасы, орехи, изюм!

— Да здравствует доктор Айболит! — кричали они. — Он самый добрый человек на земле!

Потом обезьяны побежали в лес и прикатили оттуда огромный, тяжёлый камень.

— Этот камень, — сказали они, — будет стоять на том месте, где доктор Айболит лечил больных. Это будет памятник доброму доктору.

Доктор снял шляпу, поклонился обезьянам и сказал:

— До свиданья, дорогие друзья! Спасибо вам за вашу любовь. Скоро я приеду к вам опять. А до той поры я оставлю у вас Крокодила, попугая Карудо и обезьяну Чичи. Они родились в Африке — пусть в Африке и остаются. Здесь живут их братья и сестры. До свиданья!

— Нет, нет! — закричали в один голос и Крокодил, и Карудо, и обезьяна Чичи. — Мы любим своих братьев и сестёр, но мы не хотим расставаться с тобою!

— Мне и самому будет скучно без вас, — сказал доктор. — Но ведь не навеки вы останетесь тут! Через три-четыре месяца я приеду сюда и увезу вас обратно. И мы будем опять жить и работать все вместе.

— Если так, мы останемся, — ответили звери. — Но смотри, приезжай поскорее!

Доктор дружески попрощался со всеми и бодрой походкой зашагал по дороге. Обезьяны пошли провожать его. Каждая обезьяна хотела во что бы то ни стало пожать доктору Айболиту руку. И так как обезьян было много, то они пожимали ему руку до самого вечера. У доктора даже рука заболела.

А вечером случилось несчастье. Едва только доктор перешёл через реку, он опять очутился в стране злого разбойника Бармалея.

— Тсс! — прошептала Бумба. — Говорите, пожалуйста, тише! А то как бы нас опять не взяли в плен.

16

Новые беды и радости

Не успела она выговорить эти слова, как из тёмного леса выбежали слуги Бармалея и набросились на доброго доктора. Они давно поджидали его.

— Ага! — закричали они. — Наконец мы поймали тебя! Теперь ты от нас не уйдёшь!

Что делать? Куда спрятаться от беспощадных врагов?

Но доктор не растерялся. В одно мгновение он вскочил на Тянитолкая, и тот поскакал галопом, как самая быстрая лошадь. Слуги Бармалея — за ним. Но так как у Тянитолкая было две головы, он кусал каждого, кто пробовал напасть на него сзади. А иного ударит рогами и закинет в колючий кустарник.

Конечно, одному Тянитолкаю никогда не одолеть бы всех злодеев. Но к доктору поспешили на помощь его верные друзья и товарищи. Откуда ни возьмись, прибежал Крокодил и стал хватать разбойников за голые пятки. Собака Авва налетела на них со страшным рычанием, и валила их с ног, и впивалась им в горло зубами. А вверху, по ветвям деревьев, неслась обезьяна Чичи и швыряла в разбойников большими орехами.

Разбойники падали, стонали от боли, и в конце концов им пришлось отступить.

Они с позором убежали в чащу леса.

— Ура! — закричал Айболит.

— Ура! — закричали звери.

А свинка Хрю-Хрю сказала:

— Ну, теперь мы можем отдохнуть. Приляжем-ка здесь, на траве. Мы устали. Нам хочется спать.

— Нет, друзья мои! — сказал доктор. — Мы должны торопиться. Если мы замешкаемся, нам не спастись.

И они что есть духу побежали вперёд. Вскоре Тянитолкай вынес доктора на берег моря. Там, в бухте, у высокой скалы, стоял большой и красивый корабль. Это был корабль Бармалея.

Доктор обрадовался.

— Мы спасены! — крикнул он.

На корабле не было ни одного человека. Доктор со всеми своими зверями быстро и бесшумно взобрался на корабль, поднял паруса и хотел пуститься в открытое море. Но едва он отчалил от берега, как из лесу выбежал сам Бармалей.

— Стой! — крикнул он. — Стой! Погоди! Куда ты увёл мой корабль? Воротись сию же минуту!

— Нет! — крикнул разбойнику доктор. — Не желаю возвращаться к тебе. Ты такой жестокий и злой. Ты мучил моих зверей. Ты бросил меня в тюрьму. Ты хотел меня убить. Ты мой враг! Я ненавижу тебя! И я беру у тебя твой корабль, чтобы ты больше не разбойничал на море! Чтобы ты не грабил беззащитные морские суда, проходящие мимо твоих берегов.

Страшно рассердился Бармалей: он бегал по берегу, бранился, грозил кулаками и швырял вдогонку огромные камни.

Но доктор Айболит только смеялся над ним. Он поплыл на корабле Бармалея прямо в свою страну и через несколько дней уже причалил к родным берегам.

17

Тянитолкай и Варвара

Очень обрадовались Авва, Бумба, Кика и Хрю-Хрю, что воротились домой. На берегу они увидели Таню и Ваню, которые прыгали и плясали от радости. Рядом с ними стоял моряк Робинзон.

— Здравствуй, моряк Робинзон! — крикнул доктор Айболит с корабля.

— Здравствуй, здравствуй, доктор! — ответил моряк Робинзон. — Хорошо ли тебе было путешествовать? Удалось ли тебе вылечить больных обезьян? И скажи, пожалуйста, куда ты девал мой корабль?

— Ах, — ответил доктор, — твой корабль погиб! Он разбился о камни у самого берега Африки. Но я привёз тебе новый корабль! Этот будет получше твоего.

— Вот спасибо! — сказал Робинзон. — Я вижу, отличный корабль. Мой был тоже хороший, а этот — просто загляденье: такой большой и красивый!

Доктор попрощался с Робинзоном, сел верхом на Тянитолкая и поехал по улицам города прямо к себе домой. На каждой улице к нему выбегали гуси, кошки, индюки, собаки, поросята, коровы, лошади, и все они громко кричали:

— Малакуча! Малакуча!

По-звериному это значит: 'Да здравствует доктор Айболит!'

Со всего города слетались птицы; они летели над головой доктора и пели ему весёлые песни.

38

Доктор был очень рад, что вернулся домой.

В кабинете у доктора по-прежнему жили ёжики, зайцы и белки. Сначала они испугались Тянитолкая, но потом привыкли к нему и полюбили его.

А Таня и Ваня, как увидели Тянитолкая, засмеялись, завизжали, захлопали в ладоши от радости. Ваня обнял одну его шею, а Таня — другую. Целый час они гладили и ласкали его. А потом взялись за руки и заплясали на радостях 'ткеллу' — тот весёлый звериный танец, которому их научила Чичи.

— Видите, — сказал доктор Айболит, — я исполнил своё обещание: я привёз вам из Африки чудесный подарок, какого детям ещё никогда не дарили. Я очень рад, что он понравился вам.

На первых порах Тянитолкай дичился людей, прятался на чердаке или в погребе. А потом привык и вышел в сад, и ему даже понравилось, что люди сбегаются поглядеть на него и называют его 'Чудом природы'.

Не прошло и месяца, как он уже смело гулял по всем улицам города вместе с Таней и Ваней, которые были с ним неразлучны. К нему то и дело подбегали ребята и просили его, чтобы он покатал их. Он никому не отказывал: сейчас же опускался на колени, мальчики и девочки взбирались к нему на спину, и он возил их по всему городу, до самого моря, весело качая своими двумя головами.

А Таня и Ваня вплели в его длинную гриву красивые разноцветные ленты и повесили ему на каждую шею по серебряному колокольчику. Колокольчики были звонкие, и, когда Тянитолкай шёл по городу, издали было слышно: динь-динь, динь-дилень! И, слыша этот звон, все жители выбегали на улицу, чтобы ещё раз поглядеть на чудесного зверя.

Злая Варвара тоже захотела покататься на Тянитолкае. Она вскарабкалась к нему на спину и давай бить его зонтиком:

— Беги скорее, двухголовый осёл!

Тянитолкай рассердился, взбежал на высокую гору и сбросил Варвару в море.

— Помогите! Спасите! — закричала Варвара.

Но никто не пожелал её спасти. Варвара стала тонуть.

— Авва, Авва, милая Авва! Помоги мне добраться до берега! — кричала она.

Но Авва ответила:

'Рры!..'

На зверином языке это значит: 'Не хочу я тебя спасать, потому что ты злая и гадкая!'

Мимо плыл на своём корабле старый моряк Робинзон. Он кинул Варваре верёвку и вытащил её из воды. Как раз в это время по берегу проходил со своими зверями доктор Айболит. Он закричал моряку Робинзону:

— Вези её куда-нибудь подальше! Не хочу я, чтобы она жила в моём доме и била моих зверей!

И моряк Робинзон увёз её далеко-далеко, на необитаемый остров, где она не могла никого обижать.

А доктор Айболит счастливо зажил в своём маленьком домике и с утра до ночи лечил птиц и зверей, которые прилетали и приходили к нему со всех концов света. Так прошло три года. И все были счастливы.

ЧАСТЬ ВТОРАЯ

ПЕНТА И МОРСКИЕ ПИРАТЫ

ГЛАВА 1

ПЕЩЕРА

Доктор Айболит любил гулять.

Каждый вечер после работы он брал зонтик и уходил со своими зверями куда-нибудь в лес или в поле.

Рядом с ним шагал Тянитолкай, впереди бежала утка Кика, сзади — собака Авва и свинка Хрю-Хрю, а на плече у доктора сидела старая сова Бумба.

Уходили они очень далеко, и, когда доктор Айболит уставал, он садился верхом на Тянитолкая, и тот весело мчал его по горам и лугам.

Однажды во время прогулки они увидели на берегу моря пещеру. Они захотели войти, но пещера была заперта. На дверях висел большой замок.

— Как вы думаете, — сказала Авва, — что спрятано в этой пещере?

— Должно быть, там медовые пряники, — сказал Тянитолкай, который больше всего на свете любил сладкие медовые пряники.

— Нет, — сказала Кика. — Там леденцы и орехи.

41

— Нет, — сказала Хрю-Хрю. — Там яблоки, желуди, свекла, морковь…

— Нужно найти ключ, — сказал доктор. — Пойдите найдите ключ.

Звери разбежались во все стороны и стали искать ключ от пещеры. Они шарили под каждым камнем, под каждым кустом, но ключа не нашли нигде.

Тогда они снова столпились у запертой двери и стали заглядывать в щель. Но в пещере было темно, и они ничего не увидели. Вдруг сова Бумба сказала:

— Тише, тише! Мне кажется, что в пещере что-то живое. Там или человек, или зверь.

Все стали прислушиваться, но ничего не услышали.

Доктор Айболит сказал сове:

— Мне кажется, ты ошибаешься. Я ничего не слышу.

— Еще бы! — сказала сова. — Ты и не можешь слышать. У вас у всех уши хуже моих.

— Нет, — сказали звери. — Мы не слышим ничего.

— А я слышу, — сказала сова.

— Что же ты слышишь? — спросил доктор Айболит.

— Я слышу; какой-то человек сунул руку себе в карман.

— Вот так чудеса! — сказал доктор. — Я и не знал, что у тебя такой замечательный слух. Прислушайся опять и скажи, что ты слышишь?

— Я слышу, как у этого человека катится по щеке слеза.

— Слеза! — закричал доктор. — Слеза! Неужели там, за

дверью, кто-то плачет! Нужно помочь этому человеку. Должно быть, у него большое горе. Я не люблю, когда плачут. Дайте мне топор. Я разобью эту дверь.

ГЛАВА 2

ПЕНТА

Тянитолкай сбегал домой и принес доктору острый топор. Доктор размахнулся и изо всей силы ударил по запертой двери. Раз! Раз! Дверь разлетелась в щепки, и доктор вошел в пещеру.

Пещера темная, холодная, сырая. И какой в ней неприятный, скверный запах!

Доктор зажег спичку. Ах, как тут неуютно и грязно! Ни стола, ни скамейки, ни стула! На полу куча гнилой соломы, а на соломе сидит маленький мальчик и плачет.

Увидев доктора и всех его зверей, мальчик испугался и заплакал еще сильнее. Но, когда он заметил, какое доброе у доктора лицо, он перестал плакать и сказал:

— Значит, вы не пират?

— Нет, нет, я не пират! — сказал доктор и засмеялся. — Я доктор Айболит, а не пират. Разве я похож на пирата?

— Нет! — сказал мальчик. — Хоть вы и с топором, но я вас не боюсь. Здравствуйте! Меня зовут Пента. Не знаете ли, где мой отец?

— Не знаю, — ответил доктор. — Куда же твой отец мог деваться? Кто же он такой? Расскажи!

— Мой отец рыбак, — сказал Пента. — Вчера мы вышли в море ловить рыбу. Я и он, вдвоем в рыбачьей лодке. Вдруг на нашу лодку напали морские разбойники и взяли нас в плен. Они хотели, чтобы отец стал пиратом, чтобы он вместе с ними разбойничал, чтобы он грабил и топил корабли. Но отец не захотел стать пиратом. 'Я честный рыбак, — сказал он, — и не желаю разбойничать!' Тогда пираты страшно рассердились, схватили его и увели неизвестно куда, а меня заперли в этой пещере. С тех пор я не видел отца. Где он? Что они сделали с ним? Должно быть, они бросили его в море и он утонул!

Мальчик опять заплакал.

— Не плачь! — сказал доктор. — Что толку в слезах? Лучше подумаем, как бы нам спасти твоего отца от разбойников. Скажи мне, каков он собой? — У него рыжие волосы и рыжая борода, очень длинная.

Доктор Айболит подозвал к себе утку Кику и тихо сказал ей на ухо:

— Чари-бари, чава-чам!

— Чука-чук! — ответила Кика.

Услышав этот разговор, мальчик сказал:

— Как вы смешно говорите! Я не понимаю ни слова.

— Я разговариваю со своими зверями по-звериному. Я знаю звериный язык, — сказал доктор Айболит.

— Что же вы сказали вашей утке?

— Я сказал ей, чтобы она позвала дельфинов.

ГЛАВА 3

ДЕЛЬФИНЫ

Утка побежала на берег и крикнула громким голосом:

— Дельфины, дельфины, плывите сюда! Вас зовет доктор Айболит.

Дельфины тотчас подплыли к берегу.

— Здравствуй, доктор! — закричали они. — Чего тебе нужно от нас?

— Случилась беда, — сказал доктор. — Вчера утром пираты напали на одного рыбака, избили его и, кажется, кинули в воду. Я боюсь, что он утонул. Пожалуйста, обыщите все море. Не найдете ли вы его в морской пучине?

— А каков он собой? — спросили дельфины.

— Рыжий, — ответил доктор. — У него рыжие волосы и большая, длинная рыжая борода. Пожалуйста, найдите его!

— Хорошо, — сказали дельфины. — Мы рады служить нашему любимому доктору. Мы обыщем все море, мы расспросим всех раков и рыб. Если рыжий рыбак утонул, мы найдем его и завтра же скажем тебе.

Дельфины уплыли в море и стали искать рыбака. Они обшарили все море вдоль и поперек, они опустились на самое дно, они заглянули под каждый камень, они расспросили всех раков и рыб, но нигде не нашли утопленника.

Утром они выплыли на берег и сказали доктору Айболиту:

— Мы нигде не нашли твоего рыбака. Мы искали его всю ночь, но в морской пучине его нет.

Очень обрадовался мальчик, когда услышал, что сказали дельфины.

— Значит, отец мой жив! Жив! Жив! — кричал он, и прыгал, и хлопал в ладоши.

— Конечно, жив! — сказал доктор. — Мы непременно отыщем его!

Он посадил мальчика верхом на Тянитолкая и долго катал его по песчаному берегу моря.

ГЛАВА 4

ОРЛЫ

Но Пента все время оставался печален. Даже катание на Тянитолкае не развеселило его. Наконец он спросил у доктора:

— Как же ты отыщешь моего отца?

— Я позову орлов, — сказал доктор. — У орлов такие зоркие глаза, они видят далеко-далеко. Когда они летают под тучами, они видят каждую букашку, что ползет по земле. Я попрошу их осмотреть всю землю, все леса, все поля и горы, все города, все деревни — пусть повсюду ищут твоего отца.

— Ах, какой ты умный! — сказал Пента. — Это ты чудесно придумал. Зови же скорее орлов!

Доктор познают орлов, и орлы прилетели к нему.

— Здравствуй, доктор! Чего тебе надобно?

— Летите во все концы, — сказал доктор, — и найдите рыжего рыбака с длинной рыжей бородой.

— Хорошо, — сказали орлы. — Для нашего любимого доктора мы сделаем все, что возможно. Мы полетим высоко-высоко и осмотрим всю землю, все леса и поля, все горы, города и деревни и постараемся найти твоего рыбака.

И они полетели высоко-высоко над лесами, над полями, над горами. И каждый орел зорко всматривался, нет ли где рыжего рыбака с большой рыжей бородой.

На другой день орлы прилетели к доктору и сказали:

— Мы осмотрели всю землю, но нигде не нашли рыбака. А уж если мы не видели его, значит, его нет на земле!

ГЛАВА 5

СОБАКА АВВА ИЩЕТ РЫБАКА

— Что же нам делать? — спросила Кика. — Рыбака нужно найти во что бы то ни стало: Пента плачет, не ест, не пьет. Грустно ему жить без отца.

— Но как его найдешь! — сказал Тянитолкай. — Орлы и те не нашли его. Значит, никто не найдет.

— Неправда! — сказала Авва. — Орлы, конечно, умные птицы, и глаза у них очень зоркие, но искать человека умеет только собака. Если вам нужно найти человека, попросите собаку, и она непременно отыщет его.

— Зачем ты обижаешь орлов? — сказала Авве Хрю-Хрю. — Ты думаешь, им было легко в один день облететь всю землю, осмотреть все горы, леса и поля? Ты вот валялась на песочке, бездельничала, а они трудились, искали.

— Как ты смеешь называть меня бездельницей? — рассердилась Авва. — Да знаешь ли ты, что, если я захочу, я в три дня отыщу рыбака?

— Ну, захоти! — сказала Хрю-Хрю. — Почему же ты не хочешь? Захоти!.. Ничего ты не найдешь, только хвастаешь!

И Хрю-Хрю засмеялась.

— Так, по-твоему, я хвастунишка? — сердито крикнула Авва. — Ну ладно, увидим!

И она побежала к доктору.

— Доктор! — сказала она. — Попроси-ка Пенту, пусть даст тебе какую-нибудь вещь, которую держал в руках его отец. Доктор пошел к мальчику и сказал:

— Нет ли у тебя какой-нибудь вещи, которую держал в руках твой отец?

— Вот, — сказал мальчик и вынул из кармана большой красный носовой платок.

Собака подбежала к платку и стала жадно нюхать его.

— Пахнет табаком и селедкой, — сказала она. — Его отец курил трубку и ел хорошую голландскую селедку. Больше мне ничего не надо… Доктор, скажи мальчику, что не пройдет и трех дней, как я найду ему отца. Я побегу вверх, на ту высокую гору.

— Но сейчас темно, — сказал доктор. — Не можешь же ты искать в темноте!

— Ничего, — сказала собака. — Я знаю его запах, и больше мне ничего не надо. Нюхать я могу и в темноте.

Собака взбежала на высокую гору.

— Сегодня ветер с севера, — сказала она. — Понюхаем, чем он пахнет.

Снег… Мокрая шуба… еще одна мокрая шуба… волки… тюлени, волчата… дым от костра… береза…

— Неужели ты в самом деле чуешь столько запахов в одном ветерке? — спросил доктор.

— Ну конечно, — сказала Авва. — У каждой собаки удивительный нос. Любой щенок чует запахи, каких вам никогда не учуять.

И собака стала нюхать воздух опять. Долго она не говорила ни слова и наконец сказала:

— Белые медведи… олени… маленькие грибочки в лесу… лед… снег, снег и… и… и…

— Пряники? — спросил Тянитолкай.

— Нет, не пряники, — ответила Авва.

— Орехи? — спросила Кика.

— Нет, не орехи, — ответила Авва.

— Яблоки? — спросила Хрю-Хрю.

— Нет, не яблоки, — ответила Авва. — Не орехи, не пряники, не яблоки, а еловые шишки. Значит, на севере рыбака нет. Подождем, когда подует ветер с юга.

— Я тебе не верю, — сказала Хрю-Хрю. — Все ты выдумываешь. Никаких ты запахов не слышишь, а просто болтаешь вздор.

— Отстань, — крикнула Авва, — а не то я откушу тебе хвост!

— Тише, тише! — сказал доктор Айболит. — Перестаньте браниться!.. Я вижу теперь, моя милая Авва, что у тебя и в самом деле удивительный нос.

Подождем, пока переменится ветер. А теперь пора домой. Торопитесь! Пента дрожит и плачет. Ему холодно. Надо его покормить. Ну, Тянитолкай, подставляй свою спину. Пента, садись верхом! Авва и Кика, за мной!

ГЛАВА 6

АВВА ПРОДОЛЖАЕТ ИСКАТЬ РЫБАКА

На следующий день рано утром Авва снова взбежала на высокую гору и начала нюхать ветер. Ветер был с юга. Авва нюхала долго и наконец заявила:

— Пахнет попугаями, пальмами, обезьянами, розами, виноградом и ящерицами. Но рыбаком не пахнет.

— Понюхай-ка еще! — сказала Бумба.

— Пахнет жирафами, черепахами, страусами, горячими песками, пирамидами... Но рыбаком не пахнет.

— Ты никогда не найдешь рыбака! — со смехом сказала Хрю-Хрю. — Нечего было и хвастать.

Авва не ответила. Но на следующий день рано утром она снова взбежала на высокую гору и до самого вечера нюхала воздух. Поздно вечером она примчалась к доктору, который спал вместе с Пентой.

— Вставай, вставай! — закричала она. — Вставай! Я нашла рыбака! Да проснись же! Довольно спать. Ты слышишь — я нашла рыбака, Я нашла, я нашла рыбака! Я чую его запах. Да, да! Ветер пахнет табаком и селедкой!

Доктор проснулся и побежал за собакой.

— Из-за моря дует западный ветер, — кричала собака, — и я чую запах рыбака! Он за морем, на том берегу. Скорее, скорее туда!

Авва так громко лаяла, что все звери бросились бежать на высокую гору. Впереди всех Пента.

— Скорее беги к моряку Робинзону, — закричала доктору Авва, — и проси, чтобы он дал тебе корабль! Скорее, а то будет поздно!

Доктор тотчас же пустился бежать к тому месту, где стоял корабль моряка Робинзона.

— Здравствуй, моряк Робинзон! — крикнул доктор. — Будь так добр, одолжи твой корабль! Мне опять нужно отправиться в море по одному очень важному делу.

— Пожалуйста, — сказал моряк Робинзон. — Но смотри не попадайся пиратам! Пираты ужасные злодеи, разбойники! Они возьмут тебя в плен, а мой корабль сожгут или потопят...

Но доктор не дослушал моряка Робинзона. Он вскочил на корабль, усадил Пенту и всех зверей и помчался в открытое море.

Авва взбежала на палубу и крикнула доктору:

— Заксара! Заксара! Ксу!

На собачьем языке это значит:

'Смотри на мой нос! На мой нос! Куда поверну я мой нос, туда и веди свой корабль'.

Доктор распустил паруса, и корабль побежал еще быстрее.

— Скорее, скорее! — кричала собака.

Звери стояли на палубе и смотрели вперед, не увидят ли они рыбака.

Но Пента не верил, что отец его может найтись. Он сидел опустив голову и плакал.

Наступил вечер. Стало темно. Утка Кика сказала собаке:

— Нет, Авва, тебе не найти рыбака! Жаль бедного Пенту, но нечего делать — надо воротиться домой.

И потом обратилась к доктору:

— Доктор, доктор! Поверни свой корабль! Мы и здесь не найдем рыбака.

Вдруг сова Бумба, которая сидела на мачте и смотрела вперед, закричала:

— Я вижу перед собою большую скалу — вон там, далеко-далеко!

— Скорее туда! — закричала собака. — Рыбак там, на скале. Я чую его запах… Он там!

Вскоре все увидели, что из моря торчит скала. Доктор направил корабль прямо к этой скале.

Но рыбака нигде не было видно.

— Я так и знала, что Авва не найдет рыбака! — со смехом сказала Хрю-Хрю. — Не понимаю, как доктор мог поверить такой хвастунишке.

Доктор взбежал на скалу и стал звать рыбака. Но никто не откликнулся.

— Гин-гин! — кричали Бумба и Кика.

'Гин-гин' по-звериному значит 'ау'.

Но только ветер шумел над водой да волны с грохотом разбивались о камни.

Глава 7

НАШЛА

Рыбака на скале не было. Авва прыгнула с корабля на скалу и стала бегать по ней взад и вперед, обнюхивая каждую трещинку. И вдруг она громко залаяла.

— Кинеделе! Ноп! — закричала она. — Кинеделе! Ноп!

На зверином языке это значит:

'Сюда, сюда! Доктор, за мной, за мной!'

Доктор побежал за собакой.

Рядом со скалой был небольшой островок. Авва помчалась туда. Доктор не отставал от нее ни на шаг. Авва бегала взад и вперед и вдруг юркнула в какую-то яму. В яме была темнота. Доктор опустился в яму и засветил свой фонарь. И что же? В яме, на голой земле, лежал какой-то рыжий человек, страшно худой и бледный.

Это был отец Пенты.

Доктор дернул его за рукав и сказал:

— Вставайте, пожалуйста. Мы вас так долго искали! Вы нам очень, очень нужны!

Человек подумал, что это пират, сжал кулаки и сказал:

— Ступай прочь от меня, разбойник! Я буду защищаться до последней капли крови!

Но тут он увидел, какое доброе у доктора лицо, и сказал:

— Я вижу, что вы не пират. Дайте мне чего-нибудь поесть. Я умираю от голода.

Доктор дал ему хлеба и сыру. Человек съел все до последней крошки и встал на ноги.

— Как вы сюда попали? — спросил доктор.

— Меня бросили сюда злые пираты, кровожадные, жестокие люди! Они не дали мне ни еды, ни питья. Они взяли у меня моего сына и увезли неизвестно куда. Не знаете ли вы, где мой сын?

— А как зовут вашего сына? — спросил доктор.

— Его зовут Пента, — ответил рыбак.

— Идем за мной, — сказал доктор и помог рыбаку выбраться из ямы.

Собака Авва побежала впереди.

Пента увидел с корабля, что к нему идет его отец, и бросился навстречу рыбаку и закричал:

— Нашелся! Нашелся! Ура!

Все засмеялись, обрадовались, захлопали в ладоши и запели:

— Честь тебе и слава,

Удалая Авва!

Одна только Хрю-Хрю стояла в стороне и печально вздыхала.

— Прости меня, Авва, — сказала она, — за то, что я смеялась над тобой и называла тебя хвастунишкой.

— Ладно, — ответила Авва, — я прощаю тебя. Но если ты еще раз обидишь меня, я откушу тебе хвост.

Доктор отвез рыжего рыбака и его сына домой, в ту деревню, где они жили.

Когда корабль приставал к берегу, доктор увидел, что на берегу стоит женщина. Это была мать Пенты, рыбачка. Двадцать дней и ночей стояла она на берегу и все смотрела вдаль, в море: не возвращается ли домой ее сын? Не возвращается ли домой ее муж?

Увидев Пенту, она бросилась к нему и стала его целовать.

Она целовала Пенту, она целовала рыжего рыбака, она целовала доктора; она была так благодарна Авве, что захотела поцеловать и ее.

Но Авва убежала в кусты и проворчала сердито:

— Какие глупости! Терпеть не могу целоваться! Уж если ей так хочется, пусть поцелует Хрю-Хрю.

Но Авва только притворялась сердитой. На самом деле она тоже была рада.

Вечером доктор сказал:

— Ну, до свидания! Пора домой.

— Нет, нет, — закричала рыбачка, — вы должны остаться у нас погостить! Мы наловим рыбы, напечем пирогов и дадим Тянитолкаю сладких пряников.

— Я с радостью остался бы еще на денек, — сказал Тянитолкай, улыбаясь обоими ртами.

— И я! — закричала Кика.

— И я! — подхватила Бумба.

— Вот и хорошо! — сказал доктор. — В таком случае и я вместе с ними останусь у вас погостить.

И он отправился со всеми своими зверями в гости к рыбаку и рыбачке.

ГЛАВА 8

АВВА ПОЛУЧАЕТ ПОДАРОК

Доктор въехал в деревню верхом на Тянитолкае. Когда он проезжал по главной улице, все кланялись ему и кричали:

— Да здравствует добрый доктор!

На площади его встретили деревенские школьники и подарили ему букет из чудесных цветов.

А потом вышел карлик, поклонился ему и сказал:

— Я желал бы видеть вашу Авву.

Карлика звали Бамбуко. Он был самый старый пастух в той деревне. Все любили и уважали его.

Авва подбежала к нему и замахала хвостом.

Бамбуко достал из кармана очень красивый собачий ошейник.

— Собака Авва! — сказал он торжественно. — Жители нашей деревни дарят тебе этот прекрасный ошейник за то, что ты нашла рыбака, которого похитили пираты.

Авва завиляла хвостом и сказала:

— Чака!

Вы, может быть, помните, что на зверином языке это значит: 'Спасибо!' Все стали рассматривать ошейник. Крупными буквами на ошейнике было написано:

АВВЕ — САМОЙ УМНОЙ И ХРАБРОЙ СОБАКЕ.

Три дня прогостил Айболит у отца и матери Пенты. Время прошло очень весело. Тянитолкай с утра до ночи жевал сладкие медовые пряники. Пента играл на скрипке, а Хрю-Хрю и Бумба танцевали. Но настала пора уезжать.

— До свиданья! — сказал доктор рыбаку и рыбачке, сел верхом на Тянитолкая и поехал к своему кораблю.

Вся деревня провожала его.

— Лучше бы ты остался у нас! — сказал ему карлик Бамбуко. — Теперь по морю рыщут пираты. Они нападут на тебя и возьмут тебя в плен вместе со всеми твоими зверями.

— Не боюсь я пиратов! — отвечал ему доктор. — У меня очень быстрый корабль. Я распущу паруса, и пираты не догонят моего корабля!

С этими словами доктор отчалил от берега.

Все махали ему платками и кричали 'ура'.

ГЛАВА 9

ПИРАТЫ

Корабль быстро бежал по волнам. На третий день путешественники увидали вдали какой-то пустынный остров. На острове не было видно ни деревьев, ни зверей, ни людей — только песок да огромные камни. Но там, за камнями, притаились страшные пираты. Когда какой-нибудь корабль проплывал мимо их острова, они нападали на этот корабль, грабили и убивали людей, а корабль пускали ко дну. Пираты очень сердились на доктора за то, что он похитил у них рыжего рыбака и Пенту, и уже давно подстерегали его.

У пиратов был большой корабль, который они прятали за широкой скалой.

Доктор не видел ни пиратов, ни их корабля. Он гулял по палубе вместе со своими зверями. Погода была прекрасная, солнце ярко светило. Доктор чувствовал себя очень счастливым. Вдруг свинка Хрю-Хрю сказала:

— Посмотрите-ка, что это там за корабль?

Доктор посмотрел и увидел, что из-за острова на черных парусах к ним приближается какой-то черный корабль — черный, как чернила, как сажа.

— Не нравятся мне эти паруса! — сказала свинка. — Почему они не белые, а черные? Только на кораблях у пиратов бывают черные паруса.

Хрю-Хрю угадала: под черными парусами мчались злодеипираты. Они хотели догнать доктора Айболита и жестоко отомстить ему за то, что он похитил у них рыбака и Пенту.

61

— Скорее! Скорее! — закричал доктор. — Распустите все паруса!

Но пираты подплывали все ближе.

— Они догоняют нас! — кричала Кика. — Они близко. Я вижу их страшные лица! Какие у них злые глаза!.. Что нам делать? Куда бежать? Сейчас они накинутся на нас и бросят в море!

— Смотри, — сказала Авва, — кто это там стоит на корме? Неужели не узнаешь? Это он, это злодей Бармалей! В одной руке у него сабля, в другой — пистолет. Он хочет погубить нас, застрелить, уничтожить!

Но доктор улыбнулся и сказал:

— Не бойтесь, мои милые, это ему не удастся! Я придумал хороший план. Видите ласточку, что летит над волнами? Она поможет нам спастись от раз- бойников.

И он закричал громким голосом: — На-за-сэ! На-за-сэ! Кара-чуй! Карабун!

На зверином языке это значит:

'Ласточка, ласточка! За нами гонятся пираты. Они хотят нас убить и бросить в море!'

Ласточка спустилась к нему на корабль.

— Слушай, ласточка, ты должна нам помочь! — сказал доктор. — Карафу, марафу, дук!

На зверином языке это значит:

'Лети скорее и позови журавлей!'

Ласточка улетела и через минуту вернулась вместе с журавлями.

— Здравствуй, доктор Айболит! — закричали журавли. — Не горюй, мы сейчас тебя выручим!

Доктор привязал веревку к носу корабля, журавли взялись за веревку и потянули корабль вперед.

Журавлей было много, они мчались вперед очень быстро и тянули за собою корабль. Корабль летел как стрела. Доктор даже за шляпу схватился, чтобы шляпа не слетела в воду.

Оглянулись звери — пиратское судно с черными парусами осталось далеко позади.

— Спасибо вам, журавли! — сказал доктор. — Вы избавили нас от пиратов.

Если бы не вы, лежать бы нам всем на дне моря.

ГЛАВА 10

ПОЧЕМУ УБЕЖАЛИ КРЫСЫ

Нелегко было журавлям тащить за собою тяжелый корабль. Через несколько часов они так утомились, что чуть не упали в море. Тогда они подтянули корабль к берегу, попрощались с доктором и улетели на родное болото.

Доктор долго махал им вслед платком.

Но тут к нему подошла сова Бумба и сказала:

— Погляди-ка туда. Видишь — там на палубе крысы! Они прыгают с корабля прямо в море и плывут к берегу одна за другою!

— Вот и хорошо! — сказал доктор. — Крысы злые, жестокие, и я не люблю их.

— Нет, это очень скверно! — со вздохом сказала Бумба. — Ведь крысы живут внизу, в трюме, и чуть только на дне корабля появляется течь, они видят эту течь раньше всех, прыгают в воду и плывут прямо к берегу. Зна- чит, наш корабль потонет. Вот послушай-ка сам, что говорят крысы.

Как раз в это время из трюма выползли две крысы. И старая крыса сказала молодой:

— Вчера вечером иду я к себе в норку и вижу, что в щель так и хлещет вода. Ну, думаю, нужно бежать. Завтра этот корабль потонет. Убегай и ты, пока не поздно.

И обе крысы бросились в воду.

— Да, да, — вскричал доктор, — я вспомнил! Крысы всегда убегают перед тем, как кораблю утонуть. Мы сейчас же должны

64

бежать с корабля, иначе мы утонем вместе с ним! Звери, за мной! Скорее! Скорее!

Он собрал свои вещи и быстро сбежал на берег. Звери поспешили за ним.

Долго они шли по песчаному берегу и очень устали.

— Сядем и отдохнем, — сказал доктор. — И подумаем, что нам делать.

— Неужели мы тут останемся на всю жизнь? — сказал Тянитолкай и заплакал.

Крупные слезы так и катились изо всех четырех его глаз.

И все звери стали плакать вместе с ним, потому что всем очень хотелось вернуться домой.

Но вдруг прилетела ласточка.

— Доктор, доктор! — закричала она. — Случилось большое несчастье: твой корабль захватили пираты!

Доктор вскочил на ноги.

— Что они делают на моем корабле? — спросил он.

— Они хотят ограбить его, — ответила ласточка. — Беги скорее и прогони их оттуда!

— Нет, — сказал доктор с веселой улыбкой, — прогонять их не надо. Пусть себе плывут на моем корабле. Далеко не уплывут, вот увидишь! Лучше пойдем и, покуда они не заметили, возьмем себе в обмен их корабль. Идем и захватим корабль пиратов!

И доктор помчался по берегу. За ним — Тянитолкай и все звери.

Вот и пиратский корабль.

На нем никого! Все пираты на корабле Айболита!

— Тише, тише, не шумите! — сказал доктор. — Проберемся потихоньку на пиратский корабль, чтобы никто не увидел нас!

ГЛАВА 11

БЕДА ЗА БЕДОЙ

Звери тихо взошли на корабль, тихо подняли черные паруса и тихо поплыли по волнам. Пираты ничего не заметили. И вдруг случилась большая беда.

Дело в том, что свинка Хрю-Хрю простудилась.

В ту самую минуту, когда доктор пытался неслышно проплыть мимо пиратов, Хрю-Хрю громко чихнула. И раз, и другой, и третий.

Пираты услышали: кто-то чихает. Они выбежали на палубу и увидели, что доктор захватил их корабль.

— Стой! Стой! — закричали они и пустились за ним вдогонку.

Доктор распустил паруса. Вот-вот пираты догонят их корабль. Но он мчится вперед и вперед, и понемногу пираты начинают отставать.

— Ура! Мы спасены! — закричал доктор.

Но тут самый страшный пират Бармалей поднял свой пистолет и выстрелил. Пуля попала в грудь Тянитолкаю. Тянитолкай зашатался и упал в воду.

— Доктор, доктор, помогите! Я тону!

— Бедный Тянитолкай! — крикнул доктор. — Продержись еще немного в воде! Сейчас я тебе помогу.

Доктор остановил свой корабль и бросил Тянитолкаю веревку.

Тянитолкай уцепился за веревку зубами. Доктор втащил

раненого зверя на палубу, перевязал ему рану и снова пустился в путь. Но было уже поздно: пираты мчались на всех парусах.

— Наконец-то мы поймаем тебя! — кричали они. — И тебя, и всех твоих зверей! Там, на мачте, у тебя сидит славная уточка! Скоро мы изжарим ее.

Ха-ха, это будет вкусное кушанье. И свинку мы тоже изжарим. Мы давно уже не ели ветчины! Сегодня вечером у нас будут свиные котлеты. Хо-хо-хо! А тебя, докторишка, бросим в море — к зубастым акулам.

Хрю-Хрю услышала эти слова и заплакала.

— Бедная я, бедная! — говорила она. — Я не хочу, чтобы меня изжарили и съели пираты!

Авва тоже заплакала — ей жаль было доктора:

— Я не хочу, чтобы его проглотили акулы!

ГЛАВА 12

ДОКТОР СПАСЕН!

Только сова Бумба не испугалась пиратов. Она спокойно сказала Авве и Хрю-Хрю:

— Какие вы глупые! Чего вы боитесь? Разве вы не знаете, что тот корабль, на котором гонятся за нами пираты, скоро пойдет ко дну? Помните, что сказала крыса? Она сказала, что сегодня корабль непременно утонет. В нем широкая щель, и он полон воды. А вместе с кораблем утонут и пираты.

Чего же вам бояться? Пираты утонут, а мы останемся целы и невредимы.

Но Хрю-Хрю продолжала плакать.

— Покуда пираты утонут, они успеют изжарить и меня и Кику! — говорила она.

Между тем пираты подплывали все ближе. Впереди, на носу корабля, стоял главный пират Бармалей. Он размахивал саблей и громко кричал:

— Эй ты, обезьяний доктор! Недолго осталось тебе лечить обезьян — скоро мы швырнем тебя в море! Там тебя проглотят акулы.

Доктор закричал ему в ответ:

— Берегись, Бармалей, как бы акулы не проглотили тебя! В корабле твоем течь, и вы скоро пойдете ко дну!

— Ты лжешь! — закричал Бармалей. — Если бы мой корабль тонул, с него убежали бы крысы!

— Крысы уже давно убежали, и скоро ты будешь на дне вместе со всеми твоими пиратами!

Тут только пираты заметили, что их корабль медленно погружается в воду. Они стали бегать по палубе, заплакали, закричали:

— Спасите!

Но никто не хотел их спасать.

Корабль все глубже опускался на дно. Скоро пираты очутились в воде.

Они барахтались в волнах и не переставая кричали:

— Помогите, помогите, мы тонем!

Бармалей подплыл к кораблю, на котором был доктор, и стал взбираться по веревке на палубу. Но собака Авва оскалила зубы и грозно сказала:

'Ррр!..' Бармалей испугался, вскрикнул и вниз головой полетел обратно в море.

— Помогите! — кричал он. — Спасите! Вытащите меня из воды!

ГЛАВА 13

СТАРЫЕ ДРУЗЬЯ

Вдруг на поверхности моря показались акулы — огромные, страшные рыбы с острыми зубами, с широко открытою пастью.

Они погнались за пиратами и скоро проглотили их всех до единого.

— Туда им и дорога! — сказал доктор. — Ведь они грабили, мучили, убивали ни в чем не повинных людей. Вот и поплатились за свои злодеяния.

Долго плыл доктор по бурному морю. И вдруг он услышал, что кто-то кричит:

— Боэн! Боэн! Баравэн! Бавэн!

На зверином языке это значит:

'Доктор, доктор, останови свой корабль!'

Доктор спустил паруса. Корабль остановился, и все увидели попугая Карудо. Он быстро летел над морем.

— Карудо! Это ты? — вскричал доктор. — Как я рад тебя видеть! Лети же, лети сюда!

Карудо подлетел к кораблю, сел на высокую мачту и крикнул:

— Посмотри-ка, кто плывет за мною! Вон там, у самого горизонта, на западе!

Доктор поглядел на море и увидел, что далеко-далеко по морю плывет Крокодил. А на спине у Крокодила сидит обезьяна Чичи. Она машет пальмовым листом и смеется.

Доктор сейчас же направил свой корабль навстречу Крокодилу и Чичи и спустил им с корабля веревку.

Они вскарабкались по веревке на палубу, кинулись к доктору и стали целовать его в губы, в щеки, в бороду, в глаза.

— Как вы очутились среди моря? — спросил у них доктор.

Он был счастлив, что снова увидел своих старых друзей.

— Ах, доктор! — сказал Крокодил. — Нам так скучно было без тебя в нашей Африке! Скучно без Кики, без Аввы, без Бумбы, без милой Хрю-Хрю! Нам так хотелось вернуться в твой дом, где в шкафу живут белки, на диване — ежик, а в комоде — зайчиха с зайчатами. Мы решили покинуть Африку, переплыть все моря и поселиться у тебя на всю жизнь.

— Пожалуйста! — сказал доктор. — Я очень рад.

— Ура! — закричала Бумба.

— Ура! — закричали все звери.

А потом взялись за руки и принялись танцевать вокруг мачты:

— Шита рита, тита дрита!
Шивандада, шиванда!
Мы родного Айболита
Не покинем никогда!

Одна только обезьяна Чичи сидела в стороне и печально вздыхала.

— Что с тобой? — спросил Тянитолкай.

— Ах, я вспомнила про злую Варвару! Опять она будет обижать нас и мучить!

— Не бойся, — вскричал Тянитолкай. — Варвары уже нет в нашем доме! Я бросил ее в море, и она живет теперь на необитаемом острове.

— На необитаемом острове?

— Да!

Все обрадовались — и Чичи, и Крокодил, и Карудо: Варвара живет на необитаемом острове!

— Да здравствует Тянитолкай! — закричали они и опять пустились танцевать:

— Шивандары, шивандары,

Фундуклей и дундуклей!

Хорошо, что нет Варвары!

Без Варвары веселей!

Тянитолкай кивал им двумя головами, и оба его рта улыбались.

Корабль мчался на всех парусах, и к вечеру утка Кика, взобравшись на высокую мачту, увидела родные берега.

— Приехали! — закричала она. — Еще час, и мы будем дома!.. Вон вдали наш город — Пиндемонте. Но что это? Глядите, глядите! Пожар! Весь город в огне! Уж не горит ли наш дом? Ах, какой ужас! Какое несчастье!

Над городом Пиндемонте стояло высокое зарево.

— Скорее к берегу! — скомандовал доктор. — Мы должны потушить это пламя! Возьмемте ведра и зальем его водой!

Но тут на мачту взлетел Карудо. Он поглядел в подзорную трубу и вдруг засмеялся так громко, что все посмотрели на него с удивлением.

— Вам не нужно тушить это пламя, — сказал он и опять засмеялся, — потому что это совсем не пожар.

— Что же это такое? — спросил доктор Айболит.

— Ил-лю-ми-на-ция! — ответил Карудо.

— А что это значит? — спросила Хрю-Хрю. — Я никогда не слышала такого странного слова.

— Сейчас узнаешь, — сказал попугай. — Потерпи еще десять минут.

Через десять минут, когда корабль приблизился к берегу, все сразу поняли, что такое иллюминация. На всех домах и башнях, на прибрежных скалах, на вершинах деревьев — всюду светились фонарики: красные, зеленые, желтые, а на берегу горели костры, яркое пламя которых вздымалось чуть не до самого неба.

Женщины, мужчины и дети в праздничных, красивых одеждах плясали вокруг этих костров и пели веселые песни.

Едва они увидели, что к берегу причалил корабль, на котором доктор Айболит воротился из своего путешествия, они захлопали в ладоши, засмеялись и все, как один человек, бросились приветствовать его.

— Да здравствует доктор Айболит! — кричали они. — Слава доктору Айболиту!

Доктор был удивлен. Он не ожидал такой встречи. Он думал, что его встретят только Таня и Ваня да, пожалуй, старый моряк Робинзон, а его встречает целый город с факелами, с музыкой, с веселыми песнями! В чем дело? За что его чествуют? Почему так празднуют его возвращение?

Он хотел сесть на Тянитолкая и уехать к себе домой, но толпа подхватила его и понесла на руках — прямо на широкую Приморскую площадь, лучшую площадь в городе.

Из всех окон глядели люди и бросали доктору цветы.

Доктор улыбался, раскланивался — и вдруг увидел, что к нему сквозь толпу пробираются Таня и Ваня.

Когда они подошли к нему, он обнял их, расцеловал и спросил:

— Откуда вы узнали, что я победил Бармалея?

— Мы узнали об этом от Пенты, — ответили Таня и Ваня. — Пента приехал в наш город и рассказал нам, что ты освободил его из ужасного плена и спас его отца от разбойников.

Тут только доктор увидел, что на пригорке, далеко-далеко, стоит Пента и машет ему красным отцовским платком.

— Здравствуй, Пента! — закричал ему доктор.

Но в эту минуту к доктору подошел, улыбаясь, старый моряк Робинзон, крепко пожал ему руку и сказал таким громким голосом, что все на площади услыхали его:

— Дорогой, любимый Айболит! Мы так благодарны тебе за то, что ты очистил все море от лютых пиратов, похищавших наши корабли. Ведь до сих пор мы не смели пускаться в далекое плавание, потому что нам угрожали пираты. А теперь море свободно, и наши корабли в безопасности. Мы гордимся, что в нашем городе скинет такой храбрый герой. Мы построили для тебя чудесный корабль, и позволь нам поднести его тебе в подарок.

— Слава тебе, наш любимый, наш бесстрашный доктор Айболит! — в один голос закричала толпа. — Спасибо, спасибо тебе!

Доктор поклонился толпе и сказал:

— Благодарю за ласковую встречу! Я счастлив, что вы любите меня. Но мне никогда, никогда не удалось бы справиться с морскими пиратами, если бы мне не помогли мои верные друзья, мои звери. Вот они здесь со мною, и мне хочется от всего сердца приветствовать их и выразить им мою благодарность за их самоотверженную дружбу!

— Ура! — закричала толпа. — Слава бесстрашным зверям Айболита!

После этой торжественной встречи доктор сел на Тянитолкая и в сопровождении зверей направился к дверям своего дома. Вот обрадовались ему зайчики, белки, ежи и летучие мыши!

Но не успел он поздороваться с ними, как в небе послышался шум. Доктор выбежал на крыльцо и увидел, что это летят журавли. Они подлетели к его дому и, ни слова не говоря, поднесли ему большую корзину великолепных плодов: в корзине были финики, яблоки, груши, бананы, персики, виноград, апельсины!

— Это тебе, доктор, из Страны Обезьян!

Доктор поблагодарил их, и они тотчас же улетели обратно.

А через час у доктора в саду началось великое пиршество. На длинных скамьях, за длинным столом, при свете разноцветных фонариков уселись все друзья Айболита: и Таня, и Ваня, и Пента, и старый моряк Робинзон, и ласточка, и Хрю-Хрю, и Чичи, и Кика, и Карудо, и Бумба, и Тянитолкай, и Авва, и белки, и зайцы, и ежи, и летучие мыши.

Доктор угостил их медом, леденцами и пряниками, а также теми сладкими плодами, которые ему прислали из Страны Обезьян.

Пир удался на славу. Все шутили, смеялись и пели, а потом встали из-за стола и пошли танцевать тут же в саду, при свете разноцветных фонариков.

Вдруг Пента заметил, что доктор перестал улыбаться, нахмурился и с озабоченным видом бежит со свсех ног к себе в дом. — Что случилось? — спросил Пента.

Доктор ничего не ответил. Он взял Пенту за руку и быстро взбежал с ним по лестнице. У всех дверей в прихожей сидели и лежали больные: медведь, искусанный бешеным волком, чайка, раненная злыми мальчишками, и маленький мохнатый олененок, который все время стонал, так как у него была скарлатина. Его привезла к доктору та самая лошадь, которой, если вы помните, доктор еще в прошлом году дал замечательные большие очки.

— Посмотри на этих зверей, — сказал доктор, — и ты поймешь, почему я так скоро покинул наш замечательный праздник. Не могу я веселиться, если у меня за стеною мои любимые звери стонут и плачут от боли!

Доктор быстрыми шагами прошел в кабинет и немедленно стал готовить лекарство.

— Позволь, я тебе помогу! — сказал Пента.

— Пожалуйста! — отозвался доктор. — Поставь-ка медведю градусник и принеси ко мне сюда в кабинет олененка. Он очень болен, он при смерти. Его надо спасти раньше всех!

Пента оказался хорошим помощником. Не прошло и часу, как доктор вылечил всех больных. Едва они стали здоровы, они засмеялись от счастья, сказали доктору 'чака' и бросились целовать его. Доктор повел их в сад, познакомил с другими зверями, а потом закричал: 'Расступитесь!' — и вместе с обезьяной Чичи заплясал веселую звериную 'ткеллу', да так лихо и ловко, что даже медведь, даже лошадь не выдержали и пустились плясать вместе с ним.

…Так закончились приключения доброго доктора. Он поселился неподалеку от моря и стал лечить не только зверей, но и раков, и рыб, и дельфинов, которые подплывали к берегу вместе со своими детьми.

Жилось доктору спокойно и весело. Все в городе Пиндемонте любили его. И вдруг с ними произошел один удивительный случай, о котором вы прочтете на дальнейших странцах, да и то не сейчас, а через несколько дней, потому что нужно же вам отдохнуть — и вам, и доктору Айболиту, и мне.

ЧАСТЬ ТРЕТЬЯ

ОГОНЬ И ВОДА

1

Доктор Айболит ждет к себе нового гостя

У морского берега много камней. Камни большие и острые. Если налетит на них корабль, он сразу же будет разбит. В черные осенние ночи жутко подъезжать на корабле к скалистому опасному берегу.

Чтобы корабли не разбивались о камни, люди ставят у берегов маяки. Маяк — это такая высокая башня, на верхушке которой зажигается лампа. Лампа горит так ярко, что капитан корабля видит её издалека и потому не может заблудиться в пути. Маяк освещает море и показывает кораблям их дорогу. Один такой маяк стоит в городе Пиндемонте, на высокой горе, в том самом городе, где живёт доктор Айболит.

Город Пиндемонте построен у самого моря. Из моря торчат три скалы, — и горе тому кораблю, который налетит на эти скалы: корабль разобьётся вдребезги, и все путешественники утонут.

Поэтому, когда вы будете подъезжать к Пиндемонте, не забудьте взглянуть на маяк. Его лампа видна издалека Эту лампу каждую ночь зажигает сторож маяка, старый негр по имени Джамбо. Джамбо живёт на маяке много лет. Он весёлый, седой и добрый. Доктор Айболит очень любит его.

Как-то раз доктор взял лодку и поехал на маяк к негру Джамбо.

— Здравствуй, Джамбо! — сказал доктор. —Я к тебе с просьбой. Будь так добр, зажги сегодня, пожалуйста, самую яркую лампу, чтобы на море стало светлее. Сегодня приедет ко мне на корабле моряк Робинзон, и я не хочу, чтобы его корабль разбился о скалы. — Ладно, — сказал Джамбо, — постараюсь. А откуда приедет к тебе Робинзон?

— Он приедет ко мне из Африки. Привезёт маленького двухголового Дика.

— Дика? А кто он такой, этот Дик? Уж не сын ли твоего Тянитолкая?

— Да. Дик — его сын. Очень маленький, Тянитолкай давно уже скучает без Дика, и я попросил Робинзона съездить в Африку Й привезти его сюда.

— Вот обрадуется твой Тянитолкай!

— Ещё бы! Одиннадцать месяцев не видел он Дика! Приготовил ему целую гору медовых пряников, изюму, апельсинов, орехов, конфет — и сегодня с самого утра бегает по берегу взад и вперёд и смотрит в море четырьмя глазами: ждёт не дождётся, когда же на горизонте появится знакомый корабль. Робинзон приедет нынче ночью. Только бы его корабль не разбился о скалы!

— Не разобьётся, будь покоен! — сказал Джамбо. — Не одну лампу я зажгу на маяке и не две, а четыре! Будет светло, как днём. Робинзон увидит, куда вести свой корабль, и корабль останется цел.

— Спасибо, Джамбо! — сказал Айболит, сел в лодку и поехал домой.

2

Маяк

Дома доктор сразу принялся за работу. В этот день у него было особенно много хлопот. Зайцы, летучие мыши, овцы, сороки, верблюды — все пришли и прилетели к нему издалека. У кого болел живот, у кого зубы. Доктор вылечил их всех, и они ушли очень весёлые.

Вечером доктор прилёг на диване и сладко задремал, и ему стали сниться белые медведи, моржи и тюлени.

Вдруг в окно к нему влетела чайка и крикнула:

— Доктор, доктор!

Доктор открыл глаза.

— Что такое? — спросил он. — Что случилось?

— Чикуручи заром!

На зверином языке это значит:

'Там… на маяке… нет огня!'

— Что ты говоришь? — воскликнул доктор.

— Да, на маяке нет огня! Маяк потух и не светит! Что же будет с теми кораблями, которые плывут к берегам? Они разобьются о камни!

— Где же сторож маяка? — спросил дойтор. — Где Джамбо? Почему он не зажигает огня?

— Юанзе! Юанзе! — ответила чайка. — Не знаю! Не знаю. Я только знаю, что на маяке нет огня!

— Скорее на маяк! — вскричал доктор. — Скорее! Скорее! Нужно во что бы то ни стало зажечь на маяке самый яркий огонь! Иначе много кораблей разобьётся о скалы в эту бурную и тёмную ночь! И что будет с кораблём Робинзона? И с Диком?

Доктор побежал к своей лодке, взял вёсла и стал есть силы грести к маяку. До маяка было далеко. Волны швыряли лодку. Лодка то и дело ударялась о камни. Каждую минуту она могла налететь на утёс и разбиться. В море было темно и страшно. Но доктор Айболит ничего не боялся. Он толькои думал о том, как бы скорее попасть на маяк. Вдруг мимо пролетела утка Кика и издалека закричала ему:

— Доктор! Доктор! Я только что видела в море корабль Робинзона. Он несётся на всех парусах и сейчас налетит на скалы. Если на маяке не загорится огонь, корабль погибнет, и все люди утонут! ;

— Ах. какое страшное несчастье! — воскликнул доктор. — Бедный, бедный корабль! Но нет, мы не дадим ему погибнуть! Мы спасём его! Мы зажжём на маяке огонь!

Доктор налег на вёсла, и лодка помчалась вперёд как стрела. Утка поплыла вслед за ним.

Вдруг доктор закричал громким голосом:

— Угулус! Йгалес! Каталаки!

На зверином языке это значит:

'Чайка! Чайка! Лети к кораблю и постарайся его задержать, чтобы ои плыл не так скоро. Иначе он сейчас же разобьётся о камни!'

— Кандалома! — ответила чайка и полетела в открытое море и стала громко звать своих подруг.

Те услышали её тревожные крики и слетелись к ней со всех

сторон. Стая понеслась навстречу кораблю. Корабль быстро бежал по волнам. Было совсем темно. Рулевой, который управлял кораблём, ничего не видел в темноте и не догадывался, что ведёт свой корабль прямо на скалы. Он спокойно стоял у руля, насвистывая весёлую песню. Тут же, неподалёку, на мостике, совсем как телёнок, прыгал маленький Дик и кричал:

— Сейчас я увижу отца! Отец угостит меня медовыми пряниками!

Три скалы уже близко. Если бы только знал рулевой, куда он ведёт свой корабль, он повернул бы руль, и корабль был бы спасён.

Но рулевой не видит во мраке трёх скал и ведёт свой корабль на верную гибель.

Скорее бы зажёгся маяк!

И вдруг чайки — все, сколько их есть, — налетели на рулевого и стали бить его по лицу, по глазам своими длинными крыльями. Они клевали ему руки, они всей своей стаей гнали его прочь от руля. Он не знал, что чайки хотят спасти его корабль: он думал, что они налетели на него, как враги, и громко закричал:

— Помогите!

Матросы услыхали его крик, прибежали к нему и стали отгонять от него птиц.

3

Джамбо

А доктор Айболит между тем мчался в своей лодке вперед. Вот и маяк. Он стоит на высокой горе, но теперь его не видно, так как кругом темнота. Доктор быстро взбежал на гору и ощупью отыскал дверь маяка. Дверь была заперта. Доктор постучал, но ему не открыли. Доктор крикнул:

— Джамбо, открой поскорее!

Никакого ответа. Что делать? Что делать? Ведь корабль все ближе и ближе к берегу — еще несколько минут, и он разобьется о скалы.

Медлить было нельзя. Доктор изо всей силы налег плечом на запертую дверь. Дверь распахнулась, и доктор взбежал на маяк. Кика еле поспевала за ним.

А на корабле матросы все еще воевали с чайками. Но чайки задержали корабль и дали доктору время добраться до маяка. Ах, как они были рады, что им удалось задержать корабль! Только бы доктор успел добраться до маяка и зажечь яркую маячную лампу! Но как только чайки улетели, корабль снова пустился в путь. Волна понесла его прямо на камни. Что же доктор не зажигает огня?

А доктор Айболит в это время карабкается по винтовой лестнице на самую вершину маяка. Темно, приходится идти ощупью. Но вдруг доктор натыкается на что-то большое и чуть не летит кувырком. Что это такое? Мешок с огурцами? Неужели человек? Да, на ступенях лестницы лежит человек, широко раскинув руки. Должно быть, это Джамбо, сторож маяка.

— Это ты, Джамбо? — спросил доктор.

Человек ничего не ответил. Уж не умер ли он? Может быть, его убили разбойники? Или, может быть, он болен? Или пьян? Доктор хотел наклониться над ним и послушать, бьётся ли у него средце, но вспомнил о корабле и помчался по лестнце дальше. Скорее, скорее наверх! Зажечь лампу, спасти корабль! И он бежал все выше, и выше, и выше! Падал, спотыкался и бежал. Какая длинная лестница! У доктора даже голова закружилась! Но вот наконец он добрался до лампы. Сейчас он её зажжёт. Сейчас она вспыхнет над морем, и корабль будет спасён.

Но вдруг доктор закричал не своим голосом:

Что мне делать? Что мне делать? Я оставил дома мои спички!

— Ты оставил дома спички? — в ужасе переспросила утка Кика. — Как же ты зажжёшь огонь на маяке?

Я оставил спички у себя на столе, — со стоном сказал доктор и горько заплакал.

— Значит, корабль погиб! — воскликнула утка. — Бедный, бедный корабль!

— Нет, нет! Мы спасём его! Ведь есть же спички тут, на маяке! Пойдём и поищем их!

— Тут темно, — сказала утка, — ничего не найдёшь!

— На лестнице лежит человек! — сказал доктор. — Поищи-ка у него в карманах!

Утка побежала к человеку и обшарила у него все карманы.

Нет — закричала она. — Все его карманы пустые!

— Что же делать? — пробормотал бедный доктор. — Неужели большой корабль со всеми людьми должен погибнуть сию минуту только оттого, что у меня нет одной маленькой спички!

4

Канарейка

И вдруг он услышал какие-то звуки, будто где-то чирикала птица.

— Это канарейка! — сказал доктор. — Ты слышишь? Это поёт канарейка. Пойдём и разыщем её! Канарейка знает, где спички.

И он кинулся вниз по лестнице отыскивать комнату Джамбо, где висела клетка с канарейкой. Комната была внизу, в подвале. Доктор вбежал туда и закричал канарейке:

— Кинзодок?

На зверином языке это значит:

'Где спички? Скажи мне, где спички?'

— Чик-чирик! — сказала канарейка в ответ. — Чик-чирик!

Чик-чирик! Пожалуйста, накройте мою клетку платочком, потому что тут такой сильный сквозняк, а я такая нежнал боюсь простудиться. Ах, у меня будет насморк! И куда девался чёрный Джамбо? Он всегда по вечерам покрывал мою клетку платочком, а сегодня почему-то не покрыл. Вот какой он нехороший, этот Джамбо! Я могу простудиться. Пожалуйста, возьмите платочек и покройте мою клетку. Платочек вон там — на комоде. Шёлковый платочек. Голубой.

Но у доктора не было времени слушать её болтовню.

— Спички! Где спички? — громко закричал он.

— Спички тут, на столе у окошка. Но какой ужасный сквозняк! Я такая нежная, я могу простудиться. Пожалуйста, возьмите платочек и покройте мою клетку. Платочек лежит на... Но доктор не слушал её. Он схватил спички и опять побежал вверх по лестнице. Утка еле поспевала за ним. На лестнице ему попалась чайка; должно быть, она только что влетела в окно.

— Скорее! Скорее! — кричала она. — Ещё минута, и корабль погиб! Волны мчат его на большую скалу, и мы уже не можем его удержать.

5

Беглый пират Беналис

Доктор ничего не сказал. Он бежал и бежал вверх по лестнице. Издали до него донеслись какие-то печальные звуки. Это плакал Тянитолкай на морском берегу. Видно, не дождаться ему своего маленького Дика. Выше, выше, выше, и доктор опять наверху.

Быстро вбежал он в самую верхнюю стеклянную комнату, выхватил из коробки спичку и дрожащими руками зажёг огромную лампу. Потом другую, третью, четвёртую. Полоса яркого света тотчас же осветила камни, на которые нёсся корабль. На корабле раздался громкий крик:

— Камни! Камни! Назад! Назад! Сейчас мы разобьёмся о камни! Скорей поворачивай назад!

На корабле поднялась тревога: засвистели свистки, зазвонили колокола, забегали, засуетились матросы, и скоро нос корабля повернулся в другую сторону, подальше от скал и камней, и направился в безопасную гавань.

Корабль был спасён. Но доктор и не думал уходить с маяка. Ведь там, на лестнице, лежит негр Джамбо, которому нужно помочь. Жив ли он? Что с ним случилось? Почему он не зажёг своей лампы?

Доктор наклонился над негром. На лбу у Джамбо он увидел рану.

— Джамбо! Джамбо! — кричал доктор, но негр лежал как мёртвый.

Доктор вынул из кармана бутылку с лекарством и вылил всё

лекарство негру в рот. Оно в ту же минуту подействовало. Негр открыл глаза.

— Где я? Что со мной? — спросил он. — Скорее туда, наверх. Я должен зажечь мою лампу!

— Успокойся! — сказал доктор. — Огонь на маяке уже горит. Идём, я уложу тебя в постель.

— Огонь на маяке уже горит? Как я рад! — воскликнул Джамбо. — Спасибо тебе, добрый доктор! Ты зажёг мой маяк! Ты спас корабли от гибели. А теперь ты спасаешь меня!

— Что же с тобою случилось? — спросил Айболит. — Отчего ты не зажёг маяка? Отчего у тебя рана на лбу?

— Ах, со мной случилась беда! — ответил Джамбо со вздохом. — Иду я сегодня по лестнице, вдруг подбегает ко мне — кто бы ты думал? — Бенадис! Да! Да! Тот самый пират, которому ты приказал поселиться на необитаемом острове.

— Бенадис? — вскричал доктор. — Неужели он здесь?

— Да. Он бежал с необитаемого острова, сел на какой-то корабль, переплыл моря и океаны и вчера приехал сюда, в Пиндемонте.

— Сюда? В Пиндемонте?

— Да, да! Он сразу же прибежал на маяк и ударил меня по голове бамбуком — так, что я свалился на эти ступеньки без чувств.

— А Он? Где же он?

— Я не знаю.

Но тут защебетала канарейка.

— Бенадис убежал, убежал, убежал! — повторяла она без

конца. — Я просила его накрыть мою клетку платочком, потому что я могу простудиться. У меня такое слабое здоровье. А он…

— Куда он убежал? — крикнул доктор.

— Он убежал в горы по Вентурийской дороге, — сказала канарейка — Ои хочет поджечь твой дом, убить твоих зверей и тебя. Но я чувствую, что у меня будет насморк. Я такая нежная. Я не выношу сквозняка. Всякий раз…

Но доктор не дослушал её. Он бросился вдогонку за пиратом Нужно во что бы то ни стало поймать этого злого пирата и отправить его обратно на необитаемый остров, не то он сожжёт весь город и замучит, убьёт всех зверей.

Доктор бежал что есть силы по улицам, по площадям, по переулкам. Ветер сорвал с него шляпу. Он наткнулся в темноте на забор, Он упал в канаву. Он исцарапал себе все лицо о колючие ветви Деревьев. По его щеке струилась кровь. Но он не замечал ничего, он бежал все вперед по каменистой Вентурийской дороге.

— Скорее! Скорее!

Вот уже близко: за поворотом знакомый колодец, а через дорогу, невдалеке от колодца, — маленький дом Аиболита, в котором и живут его звери. Скорее, скорее туда!

6

Доктор в плену

И вдруг кто-то подбежал к Айболиту и сильно ударил его по плечу. Это был разбойник Беналис.

— Здравствуй доктор! — сказал он и засмеялся отвратительным смехом. — Что? Не ожидал меня встретить здесь, в этом городе? Наконец-то я разделаюсь с тобой!

И злобно сверкая глазами, ои схватил доктора Айболита за шиворот и кинул его в глубокий колодец. В колодце было холодно и очень темно. Доктор Айболит чуть не захлебнулся в воде.

— Тад-зитед! — кричал он. — Тад-зитед!

Но никто не услышал его. Что делать? Что делать? Сейчас Беналис сожжёт его дом! В доме сгорят все звери — и Крокодил, и Чичи, и Карудо, и Кика, и Бумба.

Доктор собрал последние силы и закричал:

— Тад-зи-тед! Тад-зи-тед!

Но и на этот раз никто не услышал его. А пират захохотал и помчался к тому дому, где жил Айболит. Звери — большие и маленькие — спали уже крепким сном, и было издали слышно. Как беззаботно храпит крокодил. В руке у пирата была коробка со спичками. Он тихонько подкрался к дому, чиркнул спичкой, и дом загорелся.

— Пожар! Пожар!

Беналис захихикал от радости и стал весело танцевать вокруг горящего дома.

— Наконец-то я отомстил этому гадкому доктору! Будет он помнить пирата Беналиса!

А доктор сидел в колодце, по горло в воде, плакал и звал на помощь. Неужели Беналис сожжет всех его милых друзей, а он всю жизнь просидит в этом колодце? Нет, ни за что! И он закричал еще раз:

— Тад-зи-тед! Тад-зи- тед!

'Тад-зи-тед' по-звериному значит:

'Спасите'.

Но голос у доктора был такой слабый, что никто не услышал его. Он крикнул еще раз, еще и еще, но вместо крика у него изо рта выходил только тихий шепот.

К счастью, в колодце жила много лет старая зеленая лягушка. Она вылезла из-под мокрого камня, вспрыгнула к доктору на плечо и сказала:

— Здравствуй, доктор! Как очутился ты в этом колодце?

— Меня бросил сюда пират и разбойник Беналис. И мне нужно сейчас же выбраться отсюда на волю. Будь так добра, побеги и позови журавлей.

— Оставайся тут! — сказала лягушка. — Тут так хорошо: и сыро, и прохладно, и мокро.

— Нет, нет! — сказал доктор. — Мне нужно сейчас же отсюда бежать. Я боюсь, что у меня в доме пожар и что все мои звери сгорят!

— Пожалуй, тебе и вправду нельзя оставаться в колодце, — сказала лягушка, выпрыгнула из колодца, поскакала к болоту и позвала журавлей.

7

Новое горе и новая радость

Журавли прилетели и принесли с собою длинную верёвку. Эту верёвку они опустили в колодец. Доктор крепко ухватился за неё обеими руками, журавли вспорхнули к облакам, и доктор очутился на воле.

— Спасибо, дорогие друзья! — крикнул он журавлям и сейчас же побежал к своему дому.

Дом горел, как большой костёр. А звери крепко спали, не подозревая, что в их доме пожар. Сейчас загорятся под ними кровати, и они погибнут в огне — ёжики, белки, обезьяны, сова, крокодил.

Доктор кинулся в самый огонь и крикнул зверям:

— Проснитесь!

Но они продолжали спать.

— Пожар! Пожар! — кричал доктор. — Проснитесь, бегите на улицу!

Но голос у доктора был очень слабый, потому что доктор простудился в колодце, и никто не слыхал его. У доктора загорелись волосы, загорелся пиджак, огонь обжигал ему щёки, от густого дыма ему было трудно дышать, но он пробивался сквозь огонь всё дальше и дальше.

Вот обезьяна Чичи. Как крепко она спит и не чувствует, что вокруг неё — горячее пламя!

Доктор нагнулся над ней, схватил её за плечо и стал трясти что есть силы. Наконец она открыла глаза и в ужасе закричала:

93

— Горим!

Тут проснулись все звери и кинулись прочь из огня. Но доктор остался в доме. Он хотел пробраться к себе в кабинет и посмотреть, нет ли там зайцев или белых мышей.

Звери кричали ему:

— Доктор! Назад! Что ты делаешь? У тебя уже горит борода. Беги из огня, а не то ты сгоришь!

— Не пойду! — отвечал доктор. — Не пойду! Я вспомнил, что у меня в кабинете, в шкафу, остались три маленьких кролика... их нужно сейчас же спасти...

И он кинулся в самое пламя. Вот он у себя в кабинете.

Кролики здесь, в шкафу. Они плачут. Им страшно. А бежать некуда, потому что всюду огонь. Уже загорелись занавески, стулья, столы, табуретки. Сейчас загорится шкаф, и кролики сгорят вместе с ним.

— Кролики, не бойтесь, я здесь! — крикнул доктор.

Он распахнул шкаф, вынул оттуда .испуганных кроликов и бросился вон из огня. Но голова у него закружилась, и он упал без чувств прямо в пламя.

— Доктор! Доктор! Где доктор? — кричали на улице звери. — Он погиб! Он сгорел!!! Он задохнулся от дыма! И мы больше никогда не увидим его! Нужно спасти его! Скорее, скорее!

Всех зверей опередила Авва. Она как вихрь понеслась в кабинет, схватила за руку лежащего доктора и стащила его по пылающей лестнице вниз.

— Осторожней, осторожней! — кричала ей обезьяна Чичи. — Ты можешь оторвать ему руку.

А сама даже не сдвинулась с места. Авва очень рассердилась и сказала:

— Замолчи, Чичи,
Не кричи, Чичи
И меня, Чичи,
Не учи, Чичи!

Чичи сделалось стыдно, она подбежала к Авве и стала ей помогать. Они вдвоём снесли доктора в сад, к ручейку, и положили его на траве под деревом.

Доктор лежал неподвижно. Звери стояли над ним.

— Бедный доктор! — сказала Хрго-Хрю и заплакала. — Неужели он умрёт и мы останемся сиротами? Как мы будем жить без него?

Но вот доктор пошевелился и слабо вздохнул.

— Он жив! Он жив! — обрадовались звери.

— Кролики здесь? — спросил доктор.

— Мы здесь, — ответили кролики. — Ты о нас не беспокойся. Мы живы. Мы здоровы. Мы счастливы.

Доктор приподнялся на траве.

— Я пойду и позову пожарных. — сказал он еле слышным голосом. У него всё ещё кружилась голова.

— Что ты! Что ты! — закричали звери. — Пожалуйста, лежи и не двигайся. Мы и без пожарных потушим твой дом.

И правда: откуда ни возьмись, со всех сторон слетелись ласточки, вороны, чайки, журавли, трясогузки, и каждая птица держала в клюве небольшое ведёрко с водой и поливала, поливала горящий дом. Казалось, что над домом идёт дождь.

Покуда одна стая улетала к морю за водой, другая с полными вёдрами возвращалась от моря и тушила пожар.

А из лесу прибежал медведь. Он обхватил передними лапами сорокаведёрную бочку воды, вылил всю воду в пламя и опять побежал к морю за водой.

А зайцы раздобыли в соседнем доме кишку и направили ее прямо в огонь.

Жжж! Жжж!

Но огонь всё ещё не хотел потухать. Тогда из северных морей, издалека, подплыли к самому Пиндемонте три огромных гренландских кита и пустили такие большие фонтаны, что сразу потушили весь пожар.

Доктор вскочил на ноги и стал кувыркаться от радости. Собака Авва — за ним. А за Аввой и обезьяна Чичи.

— Ура! Ура! Спасибо вам, птицы и звери, и вам, могучие гренландские киты!

8

Дик

— Напрасно ты так радуешься, — сказал попугай и глубоко вздохнул. — В этом доме жить уже нельзя. Сгорела крыша, сгорели полы, сгорели стены. Да и мебель сгорела дотла: нет ни стульев, ни столов, ни кроватей.

— Верно, верно! — сказал Айболит. — Но я не горюю.

Я счастлив, что все вы остались в живых и никто из нас не пострадал от пожара. А если дом негоден для жилья — что ж! — я уйду на берег моря, отыщу там большую пещеру и буду жить в пещере вместе с вами.

— Зачем искать пещеру? — промолвил медведь. — Идём ко мне в берлогу: там темно и тепло.

— Нет, лучше ко мне, в колодец! — перебила лягушка. — Там и сыро, и прохладно, и мокро.

— Нашла куда звать: в колодец! — сердито сказал старый филин, только что прилетевший из лесу. — Нет, пожалуйста, иди ко мне, в моё дупло. Там немного тесновато, но уютно.

— Благодарю вас, милые друзья! — сказал доктор. — Но всё— таки я хотел бы поселиться в пещере!

— В пещере! В пещере! — закричал Крокодил и помчался вниз по Вентурийской дороге.

За ним Карудо, Бумба, Авва, Чичи и Хрю-Хрю.

— Идём искать пещеру, пещеру, пещеру!

Вскоре все они очутились на берегу моря, неподалёку от гавани, и кого же они увидели там? Конечно, Тянитолкая!

Да, да... Тянитолкай был не один. Рядом с ним стоял маленький тянитолкайчик, хорошенький, весь обросший мягкою, пушистою шерстью, которую так и хотелось погладить. Он только что прибыл сюда на корабле Робинзона.

Корабль при свете маяка благополучно добрался до гавани, и маленький ловкий Дик прыгнул с корабля прямо на берег и бросился в объятия к отцу. Большой Тянитолкай был очень рад. Ведь они с сыном так давно не видались! Было смешно глядеть, как они целуются. Тянитолкай целовал сына то в одну голову, то в другую, то одними губами, то другими, а сын, не теряя времени, чуть только один из его ртов освобождался от поцелуев, начинал жевать медовые пряники, которые принёс ему отец.

С первого же взгляда Дик полюбился зверям. Не прошло и пяти минут, как все они убежали с ним в лес и затеяли там весёлые игры, влезали на деревья, собирали цветы, бросали друг в друга еловые шишки.

А доктор Айболит с Тянитолкаем и моряком Робинзоном ушли разыскивать хорошую пещеру.

Звери долго резвились в лесу. Вдруг Авва указала Кике:

— Вот погляди-ка, Кика,
Какая земляника!
Поди-ка
И сорви-ка
И Дика
Угости-ка!

Кика тотчас же сорвала землянику и подарила её своему новому другу.

А Чичи вскарабкалась на высокое дерево и стала сбрасывать оттуда большие орехи:

— Вот тебе, Дик! Лови!

Обе головы Дика улыбались от радости, и он ловил орехи обоими ртами.

'Какие все они хорошие, эти зверята! — думал он про себя. — Надо будет с ними сдружиться покрепче'.

Особенно понравился ему попугай, который умел петь и насвистывать такие забавные песни.

— Как тебя зовут? — спросил Дик.

Попугай запел ему в ответ:

— Я знаменитый Карудо,

Вчера проглотил я верблюда!

Дик так и прыснул со смеху.

9

Попугай и Беналис

Но в эту минуту к попугаю подлетела морская чайка и закричала встревоженным голосом:

— Где доктор? Где доктор? Нам нужен доктор! Найдите его сию же минуту!

— В чём дело? — спросил Карудо.

— Разбойник Беналис! — ответила чайка. — Этот ужасный злодей…

— Беналис?

— Он плывёт по морю… в лодке… Он хочет украсть у моряка Робинзона корабль. Что делать? Он похитит корабль и умчится в далёкое море и опять будет разбойничать, будет убивать и грабить ни в чём не повинных людей!

Карудо на минуту задумался.

— Это ему не удастся, — сказал он. — Мы справимся с ним сами.. без доктора.

— Но что же ты можешь сделать? — со вздохом спросила чайка. — Разве хватит у тебя силы удержать его лодку?

— Хватит! Хватит! — весело сказал попугай и быстро полетел к маяку.

На маяке по-прежнему горела огромная лампа, ярко освещая прибрежные скалы. Над морем летали чайки.

— Чайки! Чайки! — закричал попугай, — Летите сюда, к маяку, и заслоните собою огонь. Видите ту лодку что плывет мимо скал? В этой лодке разбойник Бенадис. Закройте от него свет маяка!

Чайки тотчас же окружили маяк. Их было так много, что они заслонили всю лампу. В море наступила темнота. И тотчас же — трах-тара-рах! — раздался ужасный треск. Это лодка Беналиса разбилась о скалы.

— Спасите! — вопил пират. — Спасите! Помогите! Я тону!

— Так тебе и надо! — отозвался Карудо. — Ты разбойник, ты жестокий злодей! Ты сжег наш дом, и мы не жалеем тебя. Ты хотел утопить нашего доктора Айболита в колодце — тони же сам, и никто не поможет тебе!

10

Новоселье

И Беналис утонул. Больше никогда он не будет разбойничать. Чайки тотчас же улетели, и маяк засиял опять.

— Где же доктор? — сказала Чичи. — Отчего он не идет? Пора бы ему возвратиться.

— Вот и он! — сказал Дик. — Погляди-ка туда, на дорогу.

В самом деле по дороге шел доктор, но какой он был печальный и усталый.

Дик подбежал к доктору и лизнул его в щеку, но доктор даже не улыбнулся ему.

— У меня большое горе! — сказал доктор. — Я нигде не нашел пещеры. Искал, искал и нигде не нашел.

— Где же мы будем жить?

— Не знаю! Не знаю! С моря идут черные тучи. Скоро начнеется гроза. Пойдёт дождь. А мы под открытым небом, и нам негде укрыться от бури.

— Проклятый Беналис! — вскричала Чичи. — Если бы он не сжёг нашего дома, мы сидели бы теперь в тепле, под крышей, и не боялись бы ни бури, ни дождя!

Все тяжело вздохнули. Никто не сказал ни слова. Через несколько минут грянул гром, и с неба полились целые реки воды. Доктор попытался укрыться со своими зверями под деревом, но холодные потоки дождя струились и сквозь листву и сквозь ветви. Руки и ноги у доктора стали дрожать. Зубы у него застучали. Он зашатался и упал на холодную, мокрую землю.

— Что с тобой? — спросила Бумба.

— Я болен… мне холодно… я простудился в колодце.. — и теперь у меня лихорадка. Если я не согреюсь в тепле, под одеялом, у печки… я умру… и вы, мои милые звери, останетесь без доктора, своего лучшего друга.

— У-у-у! — завыла Бумба.

— У-у-у! — завыла Авва.

Чичи обняла Хрю-Хрю, и они обе заплакали, заплакали и Тянитолкай со своим сыном.

Вдруг Авва встрепенулась, вытянула шею и понюхала воздух.

— Сюда кто-то идёт! — сказала она.

— Нет, — сказала Кика. — Ты ошиблась. Это дождь шумит в прибрежных камышах.

Но в эту минуту из чащи выбежали какие-то звери, поклонились доктору и хором запели:

— Мы бобры,
Работники,
Мы столяры
И плотники.
Мы для тебя построили
За речкой, за прудом
Хороший, новый дом!

— Дом? — спросила с удивлением Кика. — Разве вы умеете строить дом?

— Ещё бы! — гордым голосом ответили бобры. — Из зверей мы самые лучшие строители в мире. Мы строим такие дома, каких и человеку не выстроить! Чуть мы услышали что в доме у доктора Айболита случился пожар, мы сейчас же выбежали из наших домов, помчались в ближайший лес и свалили тридцать высоких деревьев. Из них мы и построили дом.

—Тридцать деревьев! — засмеялась Чичи. — Как же вы свалили их, если у вас нет топоров?

— Но зато у нас чудесные зубы!

—Да, да! — сказала Бумба. — Это верно. У бобров замечательно острые зубы. Бобры подрезают деревья зубами, потом счищают с них зубами кору, потом скусывают ветви и листья и строят из брёвен дома для себя и своих детей.

— А теперь мы построили дом для нашего доброго доктора! — сказали бобры, — Там тепло, просторно и уютно!

Доктор, вставайте, и мы поведём вас туда!

Но доктор только застонал в ответ. У него начался сильный жар, и он уже не мог говорить.

Звери подняли доктора с мокрой земли, усадили его на Тянитолкая и, поддерживая с обеих сторон, повезли на новоселье в новый дом. Бобры шли впереди и показывали дорогу. Дождь лил как из ведра. Вот и пруд. Вот и речка бобровая. А над речкой — глядите! глядите! — высокий, новый бревенчатый дом.

— Пожалуйте, доктор, — сказали бобры. — Этот дом куда лучше того, который был у вас прежде, Смотрите, какой он красивый!

—Спасибо, спасибо! — слабым голосом пробормотал Айболит. Он был очень благодарен бобрам за такой великолепный подарок.

Чичи тотчас же затопила печку. Доктора Айболита уложили в постель и дали ему такое лекарство, от которого он очень скоро поправился.

Дом и вправду оказался отличный. На другой день к доктору приехали в гости Робинзон и Джамбо. Они принесли ему винограда и мёду.

Доктор сидел в кресле, у печки, очень счастливый, но ещё бледный и слабый. Звери уселись у его ног и гляде ли ему весело в глаза: они были рады, что он остался жив и болезнь его миновала. Дик то и дело лизал ему руку то одним, то другим языком.

Доктор гладил его пушистую шерсть. На спинку кресла взобрался Карудо и стал рассказывать какую-то историю. История была печальная.. Слушая её, Крокодил плакал такими большими слезами, что возле него образовался ручей. Но кончиалась история очень весело, так что Джамбо, Робинзон и Чичи захлопали в ладоши и чуть было не пошли танцевать.

Но об этой истории когда-нибудь после. А сейчас давайте отдохнём. Закроем книгу и пойдём погуляем.

ЧАСТЬ ЧЕТВЁРТАЯ

ПРИКЛЮЧЕНИЯ БЕЛОЙ МЫШКИ

1

Кот

Жила-была белая мышка. Её звали Белянка. Все её братья и сестры были серые, она одна белая. Белая, как мел как бумага, как снег.

Вздумали как-то серые мыши пойти погулять. Белянка побежала за ними. Но серые мыши сказали:

— Не ходи, сестра, останься дома. На крыше сидит Черный Кот, он увидит тебя и съест.

— Почему же вам можно гулять, а мне нельзя? — спросила Белянка. — Если Чёрный Кот увидит меня, он увидит и вас.

— Нет, — сказали серые мыши, — нас он не увидит, мы серые, а ты белая, ты всякому видна.

И они побежали по пыльной дороге. И в самом деле, Кот не заметил их, потому что и они были серые, и пыль на дороге была серая.

А Белянку он сразу заметил, потому что она была белая. Он налетел на нее и вонзил в нее острые когти. Бедная Белянка! Сейчас он съест её! Тут она поняла, что братья и сестры сказали ей правду, и горько заплакала.

— Отпусти меня, пожалуйста, на волю! — взмолилась она.

Но Чёрный Кот только фыркнул в ответ и оскалил свои страшные зубы.

2

Клетка

Вдруг кто-то крикнул:

— Зачем ты мучаешь бедную мышку? Отпусти её сию же минуту!

Это крикнул сын рыбака, мальчик Пента. Он увидел, что Чёрный Кот держит Белянку в когтях, подбежал к нему и отнял её.

— Белая мышка! — сказал он. — Как я рад, что у меня будет такая красивая белая мышка!

Белянка тоже была рада, что спаслась от Кота. Пента дал ей поесть и посадил ее в деревянную клетку. Он был добрый мальчик, ей было у него хорошо.

Но кому охота жить в клетке! Клетка — та же тюрьма. И скоро Белянке наскучило сидеть за решёткой. Ночью, когда Пента спал, она перегрызла прутья своей деревянной тюрьмы и тихонько убежала на улицу.

3

Старая крыса

Какое счастье! Вся улица белая! На улице снег!

А если улица белая, значит, белая мышка может спокойно гулять перед самым носом у кошки и кошка не увидит её. Потому что белая мышка на белом снегу не видна. На белом снегу она и сама словно снег.

Весело было Белянке гулять по улицам белоснежного города и глядеть на кошек и собак. Никто не видел её, но она видела всех. Вдруг она услышала стон. Кто это стонет так жалобно? Она всмотрелась в темноту и увидела серую крысу. Серая крыса сидела на пороге большого сарая, и слёзы текли у неё по щекам.

—Что с тобой? — спросила Белянка. — Отчего ты плачешь? Кто тебя обидел? Ты больна?

—Ах, — ответила серая крыса, —я не больна, но я очень несчастна. Я хочу есть. Я умираю от голода. Третий день во рту у меня не было ни крошки— Я умираю от голода.

—Почему же ты сидишь в этом сарае? — вскричала Белянка. — Выходи на улицу, и я покажу тебе мусорный ящик, где ты можешь отлично поужинать.

—Нет, нет! — сказала крыса. — Мне нельзя показаться на улицу. Разве ты не видишь, что я серая? Когда не было снега, я каждую ночь могла уходить со двора. Но теперь на белом снегу сразу заметят меня и дети, и собаки, и кошки. О, как я хотела бы быть белой, как снег!

Белянке стало жалко несчастную серую крысу.

— Хочешь, я останусь тут и буду жить у тебя? — предложила она. — Каждый вечер буду приносить тебе еду.

Очень обрадовалась старая крыса. Она была беззубая и тощая, Белянка побежала на помойку соседнего дома и принесла оттуда корку хлеба, ломтик сыра и огарок свечи.

Серая крыса жадно набросилась на все эти лакомства.

— Ну, спасибо, — сказала она. — Если бы не ты, я умерла бы от голода.

4

Выдумка старой крысы

Так прожили они целую зиму. Но вот однажды Белянка вышла на улицу и чуть не заплакала. Снег в одну ночь растаял, наступила весна, всюду были лужи, улица была чёрная. Все сразу заметят Белянку и бросятся за нею в погоню.

— Ну, — сказала Белянке старая крыса, — теперь моя очередь добывать тебе пищу. Ты кормила меня зимой, я буду кормить тебя летом.

И она ушла, а через час принесла Белянке целую гору сухариков, крендельков и конфет.

Как-то раз, когда старая крыса ушла за продуктами, Белянка сидела на пороге. Мимо сарая прошли её братья и сестры. — Куда вы идёте? ~ спросила Белянка.

— Мы идём в лес танцевать! — закричали они.

— Возьмите и меня! Я тоже хочу танцевать!

— Нет, нет! — закричали её братья и сестры. — Уходи от нас подальше. Ты погубишь и нас и себя. В лесу на дереве сидит большая сова, она сразу заметит твою белую шкурку, а вместе с тобою погибнем и мы.

И они убежали, а Белянка осталась одна. Скоро вернулась крыса. Она принесла много вкусного, но Белянка даже не притронулась к лакомствам. Она забилась в тёмный угол и плакала.

— О чём ты плачешь? — спросила её старая крыса.

— Как же мне не плакать? — ответила Белянка. — Мои серые братья и серые сестры бегают на воле по лесам и полям, танцуют, резвятся, а я должна всё лето сидеть в этом гадком сарае. Старая крыса задумалась.

— Хочешь, Белянка, я помогу тебе? — сказала она ласковым голосом.

— Нет, — грустно ответила Белянка, — никто мне не может мне помочь.

— А вот увидишь, я помогу тебе. Знаешь ли ты, что под нашим сараем в подвале — мастерская красильщика? А в мастерской много красок. Синих, зелёных, оранжевых, розовых. Красильщик красит этими красками игрушки, фонарики и, флаги, бумажные цепи для ёлки. Скорее бежим туда.

Красильщик ушёл, а его краски остались.

— Что же мы будем там делать? — спросила Белянка.

— Вот увидишь! — ответила старая крыса.

Белянка ничего не понимала. Она нехотя пошла за старой крысой в мастерскую красильщика. Там стояли вёдра с разноцветными красками.

Крыса сказала Белянке:

_ Вот в этом ведре синяя краска, в этом — зелёная, в том — чёрная, а в этом — пунцовая. А в этом корыте, которое поближе к дверям, отличная серая краска. Полезай туда, окунись с головой, и ты будешь такая же серая, как твои братья и сестры.

Белянка обрадовалась, подбежала к корыту, но вдруг остановилась, потому что ей сделалось очень страшно.

— Я боюсь утонуть, — сказала она.

— Какая ты трусиха! Чего тут бояться! Закрой глаза и ныряй поскорее! — сказала ей серая крыса.

Белянка закрыла глаза и нырнула в серую краску.

— Ну вот и хорошо! — вскричала крыса. — Поздравляю тебя! Ты уже не белая, а серая. Но теперь тебе нужно согреться. Скорее ложись в постель. То-то ты будешь счастлива, когда проснешься завтра поутру.

5

Опасная краска

Наступило утро. Белянка проснулась и сейчас же побежала посмотреть на себя в осколок разбитого зеркала, валявшийся в мусорной куче. О ужас! Она стала не серой, а желтой, желтой, как ромашка, как желток, как цыпленок! Очень рассердилась она на серую крысу.

— Ах ты, негодная! — закричала она. — Смотри, что ты наделала! Ты выкрасила меня в желтую краску, и теперь мне страшно показаться на улице.

— В самом деле! — воскрикнула крыса. — Я в темноте перепутала краски. Теперь я вижу, что в корыте была не серая краска, а желтая.

— Ты глупая слепая старуха! Ты погубила меня! — продолжала хныкать несчастная несчатная мышка. — Я ухожу от тебя и больше не желаю тебя знать!

И она убежала. Но куда ей пойти? Где спрятаться? И на серой дороге, и на зеленой траве, и на белом снегу — всюду заметна ее ярко-желтая шкурка.

Чуть только она выбежала из сарая, за ней погнался Черный Кот. Она убежала от него в переулок, но там ее сразу увидели школьники.

— Желтая мышка! — закричали они. — Желтая, желтая, желтая мышка!

И они погнались за нею и стали кидать в нее камнями. На углу к ним присоединились собаки.

Жёлтых мышей никто никогда не видал, и потому всякому хотелось поймать эту необыкновенную мышь.

— Держи! Держи! — кричали у неё за спиной.

Усталая, измученная, она еле спаслась от погони. Но вот её родной дом. Здесь живёт её мать. Здесь ей буде хорошо, в родной норе.

— Здравствуй, мама! — сказала она.

Мать посмотрела на неё и закричала сердито:

— Кто ты такая? Чего тебе нужно? Уходи, уходи отсюда.

— Мама! Мама! Не гони меня. Я твоя дочь. Я Белянка.

— Какая же ты Белянка, если ты — жёлтая! Моя Белянка была белее снега, а ты жёлтая, как ромашка, как желток, как цыплёнок. Такой дочери у меня никогда не бывало! Ты не моя дочь. Ступай отсюда!

—Мамочка, поверь, это я. Выслушай меня, и я расскажу тебе всё.

Но тут прибежали её братья и сестры и стали выталкивать её из норы. Они не догадывались, что она их родная сестра, и царапали, и били, и кусали её.

— Ступай, откуда пришла! Мы тебя не знаем, ты чужая! Ты совсем не Белянка, ты — жёлтая!

Что было делать? Со слезами ушла от них бедная мышка, крадучись вдоль заборов, на каждом шагу обжигаясь крапивой. Вскоре она очутилась на морском берегу:

— Скорее отмыть эту ужасную краску!

6

Жёлтая мышка и доктор

Ни минуты не медля, она бросилась в воду, и ныряла, и плавала, и скребла свою шкурку когтями, и тёрла песком, но напрасно: проклятая ераска не хотела сходить. Шкурка оставалась такая же жёлтая.

Дрожа от холода, выползла несчастная на берег, села и заплакала. Что ей делать? Куда идти?

Скоро взойдёт солнце. Все увидят её и опять побегут за нею, и опять будут кидать в неё камнями и палками, и опять будут кричать у неё за спйиной:

— Ловите, держите ее!

Нет, я этого больше не вынесу. Не лучше ли вернуться в неволю, в ту самую клетку, из которой я когда-то убежала? Что же делать, если на воле мне жить невозможно, если даже родная мать обижает и гонит меня?

И, печально понурив голову, поплелась она к тому дому, где жил мальчик Пента.

По дороге она встретила странную мышь. Мышь была больная и чахлая, еле-еле передвигала ногами. На хвосте у был красиво завязанный бант.

Полянка спросила её:

— Скажите, пожалуйста, что это у вас за бант на хвосте?

— Это не бант, — ответила незнакомая мышь. — Это такая повязка. Я иду от доктора Айболита, и он перевязал рану. Я, видите ли, попала вчера в мышеловку, и мышеловка больно прищемила мне хвост. Я вырвалась из мышеловки — и сразу же к доктору. Он смазал мне хвост какой-то замечательной мазью, и я выздоровела. Спасибо ему. Ах, какой это хороший, добрый доктор! И знаете, он умеет говорить по-мышиному: отлично понимает мышиный язык.

— Где он живёт? — спросила у нее желтая мышка.

— Здесь за углом, на горке. Неужели вы не знаете, где живёт Айболит? Все звери знают его: к нему то и дело приходят больные собаки, больные лошади, больные зайцы, всех он умеет лечить.

Жёлтая мышка не дослушала и пустилась бежать. Она прибежала к доктору. Позвонила у дверей. Ей сейчас же отворила Авва.

У доктора было много больных: какая-то хромая коза, две черепахи, тюлень, петух с перевязанным горлом и ворона с перешибленным крылом.

Когда мышка рассказала доктору, что она хотела бы сделаться опять белой, доктор засмеялся и сказал:

— Не стану тебя лечить! Оставайся жёлтой навсегда! Мне нравится твоя жёлтая шерсть. Она такая золотистая, красивая.

— Но ведь эта шерсть меня погубит! — со слезами вскричала мышка. — Стоит мне выйти на улицу, и меня разорвут собаки или растерзает Чёрный Кот.

— Пустяки! — сказал доктор. — Живи у меня, и тебя никто здесь не тронет. Незачем тебе гулять по улицам. Вот тебе и домик в буфете: здесь живут два зайца и старая беззубая белка. У меня тебе будет хорошо, и мы будем звать тебя Фиджа. Это значит: золотая мышка.

— Ладно, — сказала она, — я согласна.

И она осталась жить у доктора, а все звери полюбили ее и

собака Авва, и утка Кика, и попугай Карудо, и обезяна Чичи. И вскоре она научилась распевать вместе с ними их весёлую песню!

— Шита рита, тита дрита!
Шивандада, шиванда!
Мы родного Айболита
Не покинем никогда!